ブータンで見た幸福の流儀 [第1回]

ブータン、その多様な自然王国

写真／関 健作

国民総幸福というユニークな国づくりがクローズアップされるブータン。ヒマラヤの小国には幸せの秘密がぎゅっと詰め込まれている。その一つに自然環境の豊かさ、多様さがある。九州ほどの面積の国土にはアジア大陸のミニチュア版ともいえる多種多様な生態系が凝縮されている。ブータンという国の魅力に出会った写真家が見た、「小さく雄大な」自然を紹介する。

標高7314mの名峰ジョモラリと高山動物ブルーシープの群

　ヒマラヤの麓にある九州くらいの大きさ、国土のほとんどが山間部で森に囲まれた国、それがブータン。GNH（国民総幸福量）という心の豊かさを基準にした国づくりを政府は推し進めている。幸福量を増やす国づくりに必要な四つの柱があり、それが持続可能な経済開発、環境保護、伝統文化の振興、よい統治なんだそうだ。そのユニークな国づくりが話題となり、ブータンはいつしか「幸せの国」と呼ばれるようになった。

　ぼくがこの国を知ったのは、学生時代に見たテレビ番組がきっかけだった。山々に囲まれた学校で、民族衣装の子どもたちに囲まれながら、体育を教える日本人の姿を見たとき、雷に打たれたような衝撃を受けた。「世の中にはこんな仕事が、そしてこんな面白い国があるんだ！」と。ぼくは一瞬にしてブータンの虜になってしまった。ほんの数分の映像であったが心にずっと残り、まるで初恋の人を追い求めるように、独立行政法人国際協力機構（JICA）の青年海外協力隊のブータン派遣員の募集に手を挙げた。そして大学卒業してすぐにブータンに体育教師として赴任することになったのだ。

　3年間のブータンでの体育教師の日々は、ずっと夢に描いていただけあって、それは刺激的な毎日となった。ブータンという異文化に飛び込んで初めてわかった日本や自分自身のこと、ブータン流の考え方への誤解や摩擦……。そのどれもが貴重で一瞬一瞬が学びのときだったように思う。もっとブータンとずっと関わりたいと思い、帰国後ぼくは写真家の道を選んだ。ブータンを行き来して今年で11年目になる。

　今回、「ブータンで見た幸福の流儀」というテーマで1年にわたり、写真とともにその体験談を綴らせてもらう機会をいただいた。ブータンでの実体験やエピソードを交えて、かの国がなぜ幸せの王国として知られているのかを紐解いていけたらと思う。

　今回は初回ということで、ぼくがブータンに着いてまず驚かされたことのひとつ、バリエーション豊かな大自然について紹介したいと思う。

　ヒマラヤ山脈の万年雪を望む険しい山々。その山々に刻み込まれる急峻な川。山肌にへばりつくように

田園風景が広がるパロ谷とそこにかかる虹

下校する民族衣装の少女たち

走るくねくねの道。ぼくが体育教師をしていたタシヤンツェというブータンのもっとも東に位置する村に着くまでには、大小含めて六つの峠を越さなければならず、移動に３日もかかった。そして峠ごとにがらりと変化していく植物や動物を見ることができた。峠の頂上付近では雪が積もっていたのに、峠を下りきった先の村にはバナナが実っていたりした。３日間の移動はまるでいくつものアジア諸国を旅しているようで、本当にワクワクしたものだ。南はインドに近い亜熱帯の林、北はヒマラヤ山脈の白銀の峰。九州ほどの小さな国土にこんなに多様で豊かな自然環境がぎゅっと詰まっている。この多様さこそが、ブータンを彩る一つのキーワードだったりする。

　幸せの流儀の大前提として、もしかしたらこのバリエーション豊かな大自然が大きく関わっているのではないかという気がする。

東西を結ぶ幹線道路とその下を流れる巨大な滝

●せき・けんさく　1983年、千葉県に生まれる。2006年、順天堂大学・スポーツ健康科学部を卒業。2007年から３年間体育教師としてブータンの小中学校で教鞭をとる。2010年、帰国して小学校の教員になるがすぐに退職。現在フリーランスフォトグラファー。
［受賞］2017年　第13回「名取洋之助写真賞」受賞／2017年　APAアワード2017　写真作品部門　文部科学大臣賞　受賞
［著書］『ブータンの笑顔　新米教師が、ブータンの子どもたちと過ごした３年間』（径書房）2013
［写真集］『OF HOPE AND FEAR』（Reminders Photography Stronghold）2018　ほか

今遠征で唯一の発見とも言える中島翔哉。本大会での活躍が期待されている

日本代表に光明は差すか

　4月9日、サッカー日本代表監督のハリルホジッチが解任された。監督が代わる度に方向性が変わる協会にも問題があろうが、改めて外国人監督の難しさを教えられた2年間だった。特に痛感したのは言葉の壁だ。

　彼は自分が本当に伝えたいことを伝えることができていたのだろうか？　会見やインタビューでは「エー、エー」と言葉を探す場面が多くあった。その言葉が通訳というフィルターを通して我々に伝えられている。日本人同士でさえも細かいニュアンスを伝え合うことは難しいのだから、恐らく彼が我々に伝えたかったことの何割かは理解されないままだったのではないだろうか。

　フィジカルに勝る欧米やアフリカでは多少のミスコミュニケーションは問題にはならないが、日本人は綿密なコミュニケーションと強固な信頼関係がなければ、世界とは戦えない。その意味で後任を日本人に託したのは微かな希望と言えるかもしれない。

[写真・文] 髙須　力　たかす・つとむ
東京都出身。2002年より独学でスポーツ写真を始め、フリーランスとなる。サッカーを中心に様々な競技を撮影。ライフワークとしてセパタクローを追いかけている。日本スポーツプレス協会、国際スポーツプレス協会会員。http://takasutsutomu.com/

[第1回] スポーツの力

次代の学びを創る 学校教育実践情報シリーズ

リーダーズ・ライブラリ

Leader's Library Vol. 1

新学習指導要領全面実施までのロードマップ

山小屋の食卓 [第1回]

城山茶屋のなめこ汁・奥高尾

小林百合子 エッセイスト（ホシガラス山岳会）

こばやし・ゆりこ　エッセイスト・編集者。早稲田大学第一文学部卒業。山岳専門出版社勤務を経て独立、自然や動物関連の書籍や雑誌の編集を手掛ける。各地の山小屋を訪ね、取材することをライフワークにする。女性8人からなる出版ユニット「ホシガラス山岳会」発起人。著書に『山と山小屋』（平凡社）など。

　今から登山を始めよう！　と思っている人にとって、高尾山は一番に思い浮かぶ山だと思います（東京近郊の話でスミマセン！）。新宿から電車で1時間ほどだし、体力に自信がなければ山麓からリフトやケーブルカーに乗って途中まで行って、そこから少しだけ山歩きを楽しむこともできますから、老若男女、どんな人でも安全に登山デビューを果たせます。

　が、ひとつ問題なのが人の多さ。2007年にミシュラン三つ星を獲得して以来、日本人だけでなく欧米や中国、とにかく世界中から登山客が訪れるようになって、いまや高尾山は人種のるつぼ。週末に登ろうものなら登山道に人が溢れて、「山にリフレッシュしに来たのに、逆にストレスが溜まっちゃったナァ」なんてこともしばしばです。

　でも、そんな高尾山にも穴場スポットがあるんです。それは「奥高尾」と呼ばれる、高尾山の少し奥のエリア。晴れた日には富士山を望む山頂の展望台ですが（ここが一番の混雑スポット！）、その右手に「ここから奥高尾」という大きな看板があります。そこから続く尾根に一歩入ると、それまでの喧騒はどこへ。さわさわと吹く風の音だけが聞こえる、静かな登山道が始まります。

　この尾根、神奈川県の陣馬山まで続いていて、ぼんやり歩いているとはるか遠くまで行ってしまいますのでご用心。途中途中に下山路があるので、時間と体力に合わせてコース取りをすればいいのですが、初心者ハイカーにぜひおすすめしたいのが、お隣の山である城山まで歩くルートです。ほどよいアップダウンで気持ちよく歩けるのももちろんいいのですが、一番のお楽しみは城山の山頂にある城山茶屋。山の上にある売店ですが、なめこ汁、おでん、夏に

写真左●城山茶屋の外観。高尾山山頂から歩いて1時間ちょっとです。
写真右●定番はおでんとなめこ汁に「高尾山」のワンカップ。山でのお酒は自己責任で！

写真／野川かさね

はかき氷（特大！）と、そそるメニューが並びます。

城山茶屋は昭和6年創業。まだ一般に立派な水筒が出回っていない時代に、登山者のための飲み物を出したのが店の始まりだそうです。今のご主人で四代目。今でこそ物資運搬のための道路は通ったものの、水道はナシ。料理に使う水はすべて麓から運んでいるといいますから、山の上で料理を出すというのは、それはそれは大変なことなのです。

でも、その「水」が城山茶屋の料理の美味しさの秘密で、ご主人が使うのは麓の井戸から汲んできた高尾山の水。「これを使うとコーヒーもなめこ汁も味が変わるんですよね」とご主人が言うとおり、ここで食べる料理はどれもとびきり美味しい。

とくになめこ汁は、これ食べたさに何度も通うハイカーがいるほどの人気メニュー。なめこ汁といえばふつうは味噌ベースですが、城山茶屋のは少し違っていて、澄んだおつゆの出汁醤油ベースです。これがなんとも上品なお味で、たっぷり入ったなめこがおつゆにトロトロ感を加え、風にあたって冷えた体に染み入るわけです。

具材の豆腐にもこだわりがあって、こちらも高尾山の湧き水を使って作られる地元産。旬の時期にはなめこも高尾山産になるといいますから、まさに高尾の恵みが詰まった一杯というわけなのです。初心者の方には大きな声でおすすめできませんが、高尾山薬王院の御神酒として使われている日本酒、その名も「高尾山」のワンカップもいただけますヨ。

お腹が満たされてパワーを回復した人は、さらにお隣の景信山まで足を伸ばしてもいいでしょう。こちらはこちらで別のお茶屋さんがあって、また違った高尾山グルメを楽しめます。

登山デビューをする人にとって、初めて登る山はこれから登山を続けたいと思うか否かの大きな分かれ目になります（しょっぱなに富士山を登った人は、ツラさのあまり大抵「登山なんてもうコリゴリ！」となります……）。その点、静かな山をのんびり歩いて、美味しい山ごはんにありつける「奥高尾グルメハイク」はもってこい。これからの季節はとくに気持ちいいので、ぜひぶらぶらと歩いてみてください。

教育Insight

共通テストの試行調査問題、授業改善のメッセージが色濃く

教育ジャーナリスト
渡辺敦司

　大学入試センターは3月、2017年度に行った大学入学テストの試行調査（プレテスト）の結果を公表した。問題には、同月末に告示された高校の新学習指導要領も先取りしながら授業改善を迫るメッセージが色濃く出ていると言えそうだ。

●難化により正答率は低く

　試行調査は、2段階で実施。まず昨年11月には英語を除く5教科11科目（国語、数学Ⅰ・A、数学Ⅱ・B、世界史B、日本史B、地理B、現代社会、物理、化学、生物、地学）を出題し、全高校・中等教育学校の約38％に当たる1889校で、延べ17万7628人（科目ごとに人数を指定）の2・3年生が受検。さらに2～3月には英語を実施し、約3％に当たる158校で6303人が受けた。

　このうち11月分では、試行調査という性質上、「大学入試センター試験に関する既存のデータでは蓄積されていないタイプの問題に関する解答傾向等のデータを集めることを重視」（結果報告の概要）し、目標平均正答率も設定しなかったため、問題が難化し、ほとんどの科目で正答数が中央からやや少ない方に分布。国語、数学Ⅰ・A、物理、生物では、受検者を5等分した時の高得点群でさえ正答率が60％を超えない大問が比較的多かった。アンケートでも、▽問題の量が多かった▽問題が難しかった──という回答が全体的に多かったという。

　国語と数学の記述式は各3問を出題したが、正答率は各0.7～73.5％、2.0～8.4％と、ばらつきが大きかったり全体的に低かったりした。とりわけ数学では無回答率が46.5～57.0％と半数前後を占めている。

　受検者には自己採点もしてもらい、実際の採点と一致するか検証した。一致率は国語で67.0～77.4％、数学で82.9～92.8％となっており、センターでは「全ての受検者の自己採点を実際の採点結果と完全に一致させることは困難であると言わざるを得ない」としている。

　一方、2～3月分の英語は筆記（リーディング）とともに、リスニングの読み上げ回数が全て2回（バージョンA）と1・2回の混在（バージョンB）の2パターンで実施した。CEFR（ヨーロッパ言語共通参照枠）でA1（基礎段階の言語使用者の下位）・A2（同上位）・B1（自立した言語使用者の下位）程度を出題したが、センターによると「正答率はそれほど高くない」状況だった。

●英検の「従来型」は要件満たさず

　また、4技能を評価するために活用する民間の資格・検定試験に関して、申し込みのあった7事業者10種類24検定について、参加要件を満たしているかの確認結果も公表した。7事業者の9種

類22検定が参加要件を満たしていると確認するとともに、IDP:IELTS AustraliaからのIELTS（アイエルツ）は事業者として国内で2年以上の実績に満たなかったものの、IELTS自体は別の事業者であるブリティッシュ・カウンシルで実績があったため、条件付きで認定。一方、ケンブリッジ大学英語検定機構が申請していた2種類9検定のうちリンガスキルは国内での実績がなく、基になった試験も受検者数がごく少数で大学入試にも活用されていなかったため認められなかった。

実用英語技能検定（英検）は1～3級の5検定が認められたが、新方式である「公開会場実施」「1日完結型」「4技能CBT」に限定。1次試験で「書く」「読む」「聞く」を課して合格者だけに「話す」の2次試験を行うという「従来型」は、1回の試験で4技能を全て評価するという参加要件を満たしていないと判断された。

英検協会では、既に330以上の大学で活用されていることから今後も従来型の実施を継続。共通テストを受検する場合には英検の新3方式や、他の種類であるTEAP（ティープ）、TEAP CBTなどを受検するよう勧めている。

●高校のALを後押し

試行調査はあくまでデータ収集が目的のため、センターは、問題構成や内容が必ずしも本テストに受け継がれるものではないことを再三強調している。17年度調査で全体的に正答率が低かった結果を受けて、18年度の試行調査では、入学者選抜に活用することも視野に入れ、各科目の平均得点率を5割程度にすることを目指して難易度を調整したい考えだ。そのため本テストに近い調査は19年度の「確認プレテスト」を待たなければならないことになる。

ただし、今回出題された問題には「非常に野心的だ。生徒にかなり強いメッセージを与えているのではないか」（東島清・京都大学監事、27日の「大学入学希望者学力評価テスト（仮称）」検討・準備グループ会合で）、「メッセージ性が高く、高校の先生方がみな自分事として授業に落とし込んでいる」（角田浩子・リクルート進学総研『キャリアガイダンス』編集顧問、29日の中央教育審議会初等中等教育分科会で）という高い評価もある。

共通テストは「知識・技能を十分有しているかの評価も行いつつ、思考力・判断力・表現力を中心に評価する」（17年7月策定の実施方針）ことを目的としているが、「テストの難易度は上がる傾向にある」（16年3月の高大接続システム改革会議最終報告、当時の仮称は「大学入学希望者学力評価テスト」）ことは当初から想定されていた。

一方で、センターで新テスト作問担当を務める大杉住子審議役（前文部科学省教育課程課教育課程企画室長）は昨年9月に行われたセンター主催のシンポジウムで、▽大学入試で出題される問題には、大学の教育理念や大学入学時点で求める力がどのようなものかというメッセージを、受験生や初等中等教育関係者に伝える機能がある▽良問を通じて、高校生の学習意欲や教員の指導改善の工夫を最大限に引き出し、高校教育の学習成果を高めることが、未来の創り手となる力の育成や、大学教育の基礎となる力の育成につながる——と説明していた。

07年度に始まった小中学校の全国学力・学習状況調査では、とりわけB問題（主に活用）によって1998年告示の学習指導要領が求める学力とその育成について具体的なイメージが持てたとの声が現場から多く挙がった。今回のプレテストも、新学習指導要領でアクティブ・ラーニング（主体的・対話的で深い学び、AL）に関心が高まる高校の授業改善を後押しするものになりそうだ。

リーダーズ・ライブラリ　Vol.1

連載

School Management

- 38　直言　いま求められるスクールリーダーシップ①　　　　　　　　　　　　　　角田　明
  学びを創る『要務』はエンドレス

- 40　学校経営の地図①　　　　　　　　　　　　　　　　　　　　　　　　　　　天笠　茂
  学習指導要領総則に即した実践上の課題

- 42　学校現場の人づくり戦略①　　　　　　　　　　　　　　　　　　　　　　　大野裕己
  学校組織の新たな状況と人材育成の課題

- 44　教職　その働き方を考える①　　　　　　　　　　　　　　　　　　　　　　高野敬三
  魅力ある教職とは何か

- 46　校長室のカリキュラム・マネジメント①　　　　　　　　　　　　　　　　　末松裕基
  校長の学校づくりのために
  ──率直な対話を心がけて

- 48　トラブルの芽を摘む管理職の直覚①　　　　　　　　　　　　　　　　　　　中山大嘉俊
  先生がこわい……

- 50　学校を活性化させるリーダーシップ①
  情熱ある学校づくり　　　　　　　　　　　　　[福岡県宗像市立自由ヶ丘小学校長]　猿樂隆司

  信念をもった教育目標をつくる　　　　　　　　[東京都千代田区立麹町中学校長]　工藤勇一

Jugyo Kenkyu

- 62　もう一度「子どもが学ぶ」ということをしっかりと考えてみる①　　　　　　奈須正裕
  アクティブ・ラーニングから「主体的・対話的で深い学び」へ

- 66　授業力を鍛える新十二条①　　　　　　　　　　　　　　　　　　　　　　　齊藤一弥
  これからの授業づくりのあり方
  ──第一条：資質・能力ベイスの授業づくりの三つの視点

- 70　新課程を生かす戦略と手法①　　　　　　　　　　　　　　　　　　　　　　村川雅弘
  新教育課程の実現をどう関連的・総合的に図っていくか

- 74　教育課程実践講座Ⅰ　絶対満足できる！　新しい英語授業①　　　　　　　　菅　正隆
  一緒に楽しむ外国語　はじめの一歩
  ──小学校3年生の事例から

- 78　教育課程実践講座Ⅱ　主体的・対話的で深く学ぶ道徳教育の実践①　　　　　毛内嘉威
  道徳科における主体的・対話的で深い学び

教育長インタビュー　──次代を創るリーダーの戦略①

- 54　「ふるさと大垣科」を中心に郷土を愛するグローバル人材の育成目指す
  　　　　　　　　　　　　　　　　　　　　　　　　　　　[岐阜県大垣市教育長]　山本　譲

ルポ　──社会に開かれた教育課程①

- 58　"茶どころ"で創り出す多彩な体験活動
  ──地域ぐるみの学校支援を伝統に
  静岡県牧之原市菊川市学校組合立牧之原中学校

特集
新学習指導要領全面実施までのロードマップ

● インタビュー
- 12　笑いで想像力を育む──絵本の道を求めて
　　　保科琢音［絵本作家］

● 解説──theme
- 18　全面実施までにすべき管理職の仕事
　　　──「変わるもの」と「変わらぬもの」の見極め ……………………… 向山行雄
- 22　学校経営計画の構成と実践
　　　──質の向上と実現性を高めるポイント ……………………………… 浅野良一
- 26　移行期のカリキュラム・マネジメントにどう着手するか ……………… 村川雅弘

● 事例──case
- 30　新学習指導要領全面実施に向けた教育課程編成と管理職の役割
　　　──いかにして、コンピテンシー・ベースの教育課程編成にするか …… 加藤英也

● 提言──message
- 34　学校は「楽校」
　　　──「学校経営計画」作成に向けて ……………………………………… 岩瀬正司

教育スクランブル
新教育課程における学校図書館の新たな役割
- 84　資質・能力を育む教育課程を支える学校図書館 ………………………… 吉冨芳正
- 86　「主体的・対話的で深い学び」と学校図書館の利活用 ………………… 佐藤正志
- 88　教委と学校が一体となって進める学校図書館活用 …… 東京都荒川区教育委員会

エッセイ
- 6　山小屋の食卓①　　　　　　　　　　　　　　　　　　　　　　　　　小林百合子
　　城山茶屋のなめこ汁・奥高尾
- 52　リレーエッセイ・わたしの好きなことば　　　　　　　　　　　　厚切りジェイソン
　　人間万事塞翁が馬
- 96　校長エッセイ・私の一品
　　認めてあげることから始まる ……………［北海道共和町立北辰小学校長］佐藤寛之
　　ドラセナのたより ……………………[福岡県福津市立福間東中学校長] 熊本　仁

カラーページ
- 1　ブータンで見た幸福の流儀①　　　　　　　　　　　　　　　　　　　　関　健作
　　ブータン、その多様な自然王国
- 4　スポーツの力①　　　　　　　　　　　　　　　　　　　　　　　　　　髙須　力
　　日本代表に光明は差すか

- 8　教育Insight ……………………………………………………………………… 渡辺敦司
　　共通テストの試行調査問題、授業改善のメッセージが色濃く

インタビュー

保科琢音 氏
絵本作家

笑いで想像力を育む
絵本の道を求めて

　横浜市を中心に年間150以上の公演をこなす絵本作家・保科琢音さん。「読絵ん会」と題した読み聞かせ、紙芝居、落語などのパフォーマンスが保育所、子育て広場、学校、老人施設などで大好評だ。常に「笑い」を追究し続けながら物事の本質に迫る作風も注目されている。娘のために描いた絵本をきっかけに作家としての道を進む保科さんの活動を聞いた。

写真・島峰　譲

特集 ● 新学習指導要領全面実施までのロードマップ ●

年間150以上の「読絵ん会」

■創作作家としての活動

横浜市立間門小学校キッズクラブで行った保科さんのライブにお邪魔した。約60人の小学生は、絵本の「読み笑わせ」では、ものぐさなカバの話などに歓声を上げ、大いに盛り上がる。保科さんのライブは常に笑いに包まれている。

——主な活動について教えてください。

　絵本の読み聞かせと紙芝居、そして落語です。私の場合、絵本は笑う本と書いて「笑本」、読み聞かせは、「読み笑わせ」といって、だれもが楽しめるものを創作し、演じています。例えば、『あっかんべー』という作品があるのですが、「あっかん」と書いた表紙をめくると「べー」とトマトが叫び、次に「えっへん」と得意げな様子の豚の絵をめくると「ぶー」と豚が鳴く、といったように、子どもたちは大声を出して次の展開を予想しながら進んでいくものです。鬼が「うっふっふぅの」と言うと、次のページを予想して「ばー」と子どもたちが叫びます。すると次は「ぽー」。予想を裏切られると、子どもたちは大騒ぎになります。実は、この本を読み終わると拗音と促音が学べるといった仕掛けがしてあるんです。このように、楽しみながら何かを学んでいくといった作品を創作しています。

　紙芝居は、聞き手との掛け合いで進めます。シルエットを見せて「これな〜んだ」と聞くと、聞き手は我先にと答えを言います。そこで思いもしなかった答えを見せて裏をかいたりします。想像力を膨らませながら次々に展開していくことで、環境問題やいじめ問題など、様々なテーマを扱うことができます。子どもたちは、大人より想像力が豊富で、思いがけない鋭い意見を言ってくることもあって、演っている自分も楽しめます。

　落語は、私自身が古典落語などを嗜むこともあって、得意の演目の一つになっています。古典の持ちネタは50ほど、それに創作も数多くもっています。テーマを与えられて創るもので、一度しか演じないような場合は、話す端から忘れてしまいますね（笑）。でも、子どもには本物を演らなければなりません。落語では「へっつい」や「はばかり」など、今ではほとんど使われない言葉も出てきますが、それを「コンロ」や「トイレ」と置き換えてしまうと、子どもたちはすぐに興ざめしてしまいます。落語の世界に浸りきらせないといけない。子どもには子どもだましは通用しません。現代物の創作を演るときも、常に本物を語るように心がけています。

　学校で行わせていただくことは多いのですが、授業ではないので、絵本や紙芝居は教材として使うわけではありません。常に面白がってもらおうと思って創っています。そうすれば、ブラックユーモアやちょっと斜に構えた子どもが登場する話もできます。物語を通して普段の学校では味わえない世界を提供できればと思っています。

　私は絵本作家なので、絵本をベースにしたこうした催しを「読絵ん会」といって、子育て広場や保育所、学校、老人施設など様々な場所で演らせてもらっていて、年間150から200くらいの公演を

リーダーズ・ライブラリ〈Vol.1〉　13

行っています。

笑いをベースに発想を巡らす

■創作のロードマップ

この日のライブの2コマ目は紙芝居。「どんどん大きくなる話」では、子どもより大きい大人、大人より大きい象、そして月、太陽、ブラックホール、銀河と続き、最後に一番大きいのは「想像力」。紙をめくるごとに歓声を大きくしていった子どもたちは、最後に納得のため息を漏らす。

落語も十八番の一つ。子ども向けの創作も好評だ

——**絵本づくりのロードマップのようなものはありますか。**

私の絵本づくりのプロセスは、一つ目には、題材にできないものはないと思うこと。そして、ふと思いつくテーマについて、どれとどれを組み合わせればどんなストーリーが展開されるだろうかと考えます。それから、二つ目には、物事を単一に考えないこと。月を見ればそれを単純に月と考えず、夜空の口といったように発想します。

テーマをいただいて創作をすることもありますが、その場合でも、テーマに即した素材を思い浮かべ、それらがどう関わり合えば面白い物語が動き出すだろうかと考えます。そのためには、引き出しをたくさんもっていた方がいい。「な～んだ」と思われるような予定調和になってしまったり、聞いたことのある話になったりしてしまっては、せっかくの創作も無駄になってしまいます。

私はこれまで1万冊以上の絵本を読んできましたので、そこにはなかった発想を探します。例えば、じゃんけんの絵本はあるけれど、じゃんけんを擬人化した絵本はないな、とか。そうした新たな発想を求め、作品にするルールを自分でつくったら、それを箱にして様々な素材を思い切り駆け巡らせます。そうすると、それが段々と形になって作品として出来上がってくるわけです。

とにかくまず、できないテーマはないと思うこと。自分の求めた発想をもとに素材と素材を組み合わせること。それらを自由に展開させること。それが形として出来上がってくる。それが私にとってのロードマップのようなものだと思います。

保科さんの「読絵ん会」は年間150回以上に及ぶ

――創作で大事にしていることは。

笑いですね。笑いがない作品は創らない。たとえ戦争や差別がテーマであっても、笑いがなければ本当のことは伝えられないと思っているんです。笑いがあるからこそ切実な問題も受け入れられる、笑いがあるから記憶にも残る、笑いがあるからこそ大切なことが伝わる。笑いってそういうものなんじゃないかと思うんです。だからこそ私は笑いにこだわっていきたい。悲しいときにもユーモア、腹の立つときにもユーモア、絵本の絵は笑いの「笑」、そんな「笑本道（えほんどう）」が私のテーマなんです。

図書館勤務から絵本の世界に

■絵本作家への道

この日の"トリ"は創作落語。勉強を促す父親に音楽の宿題で知った童謡の矛盾を鋭く突いてくる息子。「おじょうさんお逃げなさい」と言う熊が一緒に付いて来て落し物のイヤリングを手渡すと歌を歌って大円団となる「森のくまさん」。「お父さん、二人は何から逃げてたの!?」。子どもたちは大爆笑だ。タジタジの父親が「動揺」するという気の利いた噺に、先生たちも相好を崩す。面白い絵本のような話に子どもたちの想像力も活性化されたようだ。

――本の道に進んだ理由は。

小さなころから絵を描くのが好きで、自分は絵を描くのが得意だと思っていました。なので、高校で進路を考えたときに自然と絵本作家になりたいと思ったんですね。そこでまず、本に近いところにいたいと思い、高校卒業後に司書の資格を取って、渋谷区（東京）の公立図書館に勤めました。ここでは、児童書の担当となりました。そこで、読み聞かせや紙芝居をしたり、ブックスタートなどに取り組んだりする一方、蔵書を片端から読んで絵本の知識を吸収していったんです。同時に、年に２、３冊程度のペースで絵本の制作にも取り組んでいきました。その後、横浜市の図書館に移り、30歳になるまでの10年間、図書館勤務をするのですが、やはり絵本を創りたいという思いが強く、独立したわけです。

――本格的に絵本作家を目指したきっかけは。

29歳のときに、生まれてくる娘のために絵本を創ろうと思って出来たのが、先ほどお話しした『あっかんべー』です。これが私の絵本作家としての本格的なスタートになりました。娘は障害をもって生まれましたので、夫婦で苦労を分け合うことも多いのですが、私の作品を分かってくれる家族がいるおかげで今の自分があると思います。ですから妻と娘にはいつも感謝しています。笑いがあるからいろいろなことも乗り越えていける。やっ

笑いの中に大切なものはある。
「笑本道」で日本一の絵本作家を目指したい。

ぱり笑いが一番ですよ。

日本一の絵本作家を目指し続ける

■今後の抱負

終演後、子どもたちは保科さんに駆け寄り次々と質問攻めとなった。「着物の色には意味があるの？」「他の学校で落語をやったことがありますか？」「また今度来てくれますか？」。この日の公演は子どもたちの貴重な思い出となるひと時だったようだ。

——今まででうれしかったことは。

　紙芝居の教室をやったときに、ある子どもが自分も絵本作家になりたいと言ってくれました。私がやっていることが、子どもたちの夢につながっていくことがあれば本当に嬉しいことだと思います。これからも私の絵本や口演を面白いと感じてもらい、いつか思い出してもらえたらいいなと思っています。

——どんな夢をもっていますか。

　日本一の絵本作家になること、どんな世代、どんな立場の人たちにも笑ってもらえる作家になりたい。赤ちゃんからお年寄りまでを相手に口演をしてきましたが、そのうちお葬式でもやれたら面白いですね。

（取材／本誌　萩原和夫）

Profile

ほしな・たくお　絵本作家。公立図書館に10年勤める。2013年、絵本『あっかんべー』出版。絵本や紙芝居の創作だけでなく「読絵ん会」という名の読み笑わせ口演を精力的に行っている。口演場所は計500か所以上。2017年、ベトナムホーチミンの幼稚園にて口演。横浜市神奈川区の親子が集える広場「おかげさま亭」プロデューサー。Webサイト「ヨコハマNOW」にてコラムを連載。

　また、絵書家筆之輔（えかきやふでのすけ）の芸名で落語家としても活動。神奈川県を中心に落語会や落語イベントを開催。横浜市内の数校の小学校にて落語授業を担当。2017年3月、小学生60名が出演した「大黒寄席」企画プロデュース。毎月定例の落語会として横浜市保土ヶ谷区の「しばた。寄席」。

口演依頼は以下のmail、HPから。
mail：ehonsakka_hoshinatakuo@yahoo.co.jp
HP：ehonsakka-hoshinatakuo.net　もしくは「保科琢音」で検索

theme 1

全面実施までにすべき管理職の仕事
「変わるもの」と「変わらぬもの」の見極め

敬愛大学教授
向山行雄
（全国連合小学校長会顧問）

学習指導要領改訂と教職のライフステージ

　学習指導要領改訂はほぼ10年に一度である。伊勢神宮の遷宮は20年に一度である。ともに、「人生」で、あるいは「教師人生」で数度しか経験しない国家的行事である。

　伊勢神宮の遷宮は、その関係者もせいぜい生涯を通して3回か4回しか体験できない。20代は、若衆の一人として柱を磨いたり、掘立柱を埋めたり下働きをする。2回目は40代の班長として、屋根の鰹木などの仕事をする。3回目は60代の棟梁として全体の統率をする。運がよければ4回目は、相談役として現場を見守る。

　学習指導要領の改訂も同様である。1回目は若手教師として教育課程改訂の作業に関わる。おそらくは先輩の後を付いていくのが精一杯であろう。2回目は30代、ミドルリーダーとして校内の通知表改訂責任者くらいにはなってくる。3回目、40代で指導主事とか教務主幹になって学習指導要領改訂の具現化の実務的な少壮のリーダーとして活動する。そして校長として4回目の学習指導要領改訂を牽引する。日々の学校運営に目配りしつつ、適材適所に教師を配置して学習指導要領改訂を保護者や地域の理解のもとに進める。併せて所属する校長会や研究会、その他の仕事も抱えつつ、若手教師の育成もすることだろう。さらに60代半ばで5回目の学習指導要領改訂を迎えるかもしれない。きっと、より大所高所から、その作業を見守り、時にはご意見番として、もの申すだろう。

　学習指導要領の改訂は、10年に一度、我が国の教育を見直し世界に冠たる我が国の初等・中等教育のよさを再確認するいい機会である。国際的に高い学力、掃除や給食まで世話する指導力量の高い教師、規範意識の高い授業規律、PTA活動に参加する（しかたなくも）保護者、教育委員会のきめ細かい（時には細かすぎる）サポート、地域の学校支援、長年蓄積された学校をめぐる財産。

　こうした、我が国の教育を支えるよさを10年に一度振り返る。教育のリフレクション（省察）である。その上で、足らざるところあれば足し、過ぎるところあれば削り変える。変更の必要がなければそれを守る。それが、学習指導要領改訂の根幹である。つまり、松尾芭蕉のいうところの「不易と流行」の精神で関わることが大切である。

　とかく、マスコミは変わる部分ばかり見ようとする。しかし、学校運営に携わる者は、冷静な態度で多角的に見なければいけない。「教育の流行」に身を委ねるばかりでは大義は貫けない。リーダーたちの

[特集] 新学習指導要領全面実施までのロードマップ
■ theme 1 ■

先見性と骨太の教育観がなければ、教職員が動揺する。保護者も不安になる。「変わらぬ部分」を再評価する姿勢が肝要だ。教師は、それぞれのライフステージに応じて、学習指導要領改訂に携わる。是非、学習指導要領を、そういう複眼的な見方でとらえたいものだ。

校内での新学習指導要領の理解の促進

中教審答申も学習指導要領も大部であり、必ずしも読みやすい資料ではない。学校の教師は多忙な毎日を過ごし、「明日の準備」に追われ、「一歩先の改善」にまでなかなか手が回らない。だから、「教育改革は教室の中まで入っていかない」と言われる。そこで、下に示すような校内体制を整備する。

①は、教職員が新教育課程関係の資料を、その専用ファイルに綴じ込むようにする。⑤の学習指導要領解説は、全教職員に「総則」「各教科等」などすべての冊子を購入して配布する。表紙には「○年○組用」として、その教室担当者が使えるようにする。⑦は、毎月の職員会議冒頭の10分程度をとり新教育課程のミニ研修会を開催する。教職員は、黄色のマーカーと付箋紙を用意して、重要な項目をチェックする。⑩の予算計画は、単年度予算では厳しいので、3か年程度で対応するようにする。

⑥の新教育課程の覚え書きは、例えば次ページに示すようなカードを作成する。

学習指導要領の全面実施までの管理職の仕事

今日の学校の忙しさは、すでに臨界点に達している。現行学習指導要領は40年ぶりに、大幅に学習内

①新教育課程用ファイルを配布する……………………………………………2018年5月
②新教育課程ボックスを職員室に置く…………………………………………2018年5月
③学習指導要領を職員室パソコンのデスクトップに表示する………………2018年6月
④完全実施までの主な予定を策定する…………………………………………2018年7月
⑤学習指導要領の解説を全教職員に配布する…………………………………2018年7月
⑥新教育課程の研修「十四の覚書シート」を配布する………………………2018年7月
⑦「総則」を校長が解説する……………………………………………………2018年8月
⑧職員会議などを利用して各教科等主任がミニ解説を行う…………………2018年9月〜
⑨新教育課程の実施部会を発足する……………………………………………2018年4月〜
⑩新教育課程のための予算計画を作成する（3年分の予算で対応）………2018年4月
⑪実施部会の中間報告を行う……………………………………………………2018年9月
⑫保護者に向けた説明をする（保護者会、学校便り臨時号等）……………2018年10月
⑬新教育課程に関連した新研究主題の設定をする……………………………2019年4月〜
⑭新教育課程の編成を区市教委に届け出る……………………………………2020年3月
⑮新教育課程と新通知表を保護者に説明する…………………………………2020年4月

theme 1

新教育課程の理解のための「十四の覚書」　　氏名〔　　　　　　〕	
1　中央教育審議会答申を読みましたか	ハイ　イイエ
2　学習指導要領『総則』を読みましたか	ハイ　イイエ
3　改めて『生きる力』について、その意味が理解できましたか	ハイ　イイエ
4　求められる資質・能力の3つの柱についてわかりましたか	ハイ　イイエ
5　各教科等の特質に応じた『見方・考え方』がわかりましたか	ハイ　イイエ
6　『社会に開かれた教育課程』について理解できましたか	ハイ　イイエ
7　『カリキュラム・マネジメント』について理解できましたか	ハイ　イイエ
8　「特別の教科　道徳」を読みましたか	ハイ　イイエ
9　自分の専門とする教科等で新旧の比較をすることができますか	ハイ　イイエ
10　担当する教科等の備品や教材等で何を準備するかわかりますか	ハイ　イイエ
11　『プログラミング的思考』の意味がわかりましたか	ハイ　イイエ
12　新しい評価の考え方がわかりましたか	ハイ　イイエ
13　2020年までのスケジュールを描けますか	ハイ　イイエ
14　保護者に『主体的・対話的で深い学び』の意味を3分間でわかりやすく説明できますか	ハイ　イイエ

容を増加した。教科書も30％も増量される。子供も教師も、一層多忙になることが予想された。多忙にともない、学習への不適応や倦怠感の増加、校内暴力やいじめ、不登校等の増加が心配された。だから、「子供と向き合う時間の増加」のスローガンを掲げ、関係者は環境整備に取り組んだ。

30年ぶりの教職員定数改善をはじめ、各学校への理科備品費の支給や学習指導補助員、スクールカウンセラー、理科支援員などの配置、「生徒指導提要」の改訂版発行もその対応策だった。関係者は懸命に努力した。しかし、残念ながら、小学校の校内暴力は戦後の最大件数を記録した。

今回の改訂は、「学習内容は削減しない」という前提で行われた。各教科等の学習内容を維持しつつ、新たな内容を付加した。道徳の教科化、小学校における英語の教科化や外国語活動の開始年齢の早期化、「主体的・対話的で深い学び」など新たな課題がてんこ盛りである。

小学校高学年で英語科のために1コマ増やす。方法は三つしかない。朝や下校時の帯時間の活用、週時程の1コマ増加、土曜日授業実施か長期休業日の短縮。どの方法をとっても、子供や教職員の負担増になる。

飽和状態の今日の学校に、マンパワーの保障もせずに大きな負荷をかけたらどうなるか。それは、自ずから答えが出る。〈教職員の疲弊〉である。結果としての〈子供の荒れ〉である。今の条件整備のままなら、2019年の段階的な実施から、ぽつぽつと萌芽し、2020年の全面実施から次第にボディブローがきき始める。おそらくは、2021年か22年の問題行動調査にはその傾向が反映してくるのではないかと恐れる。教職員の精神疾患も、さらに増加していく可能性がある。そして、それは日本の「学校教育の危機」につながりかねない。

[特集] 新学習指導要領全面実施までのロードマップ
■ theme 1 ■
全面実施までにすべき管理職の仕事

　手をこまねいていてはいけない。今から、やれることをしておかなければいけない。では何ができるか。

　1点目は、関係者がそれぞれの立場で危機感を訴え、条件整備を図ることである。人的・物的な整備は予算が必要である。苦しい財政状況だが、予算獲得の行動を起こすことが大切である。

　2点目は、校内の〈スクラップ・アンド・ビルド〉を進めることである。学校の教育活動や教職員組織等の「ぜい肉」をそぎ落とし、「筋肉質の身体」にする。「スクラップ」には勇気がいる。「ビルド」よりも難しい仕事だと自覚して、早期に着手する。

　3点目は、教職員に中期的に新学習指導要領に取り組ませることである。ひまな時間に負担増にならぬように取り組ませるためには経営者の中期的な戦略が大事である。教職員を叱咤激励し、焦らせれば必ず「反作用」が生じる。そのことを自戒すべきである。

　4点目は、危機感を保護者と共有することである。可能ならば、学校評議員等一部の地域の方の理解も得られれば、なお結構である。共有のためには学校からの〈発信力〉が大切である。学校便り、ホームページ、学年便り、保護者会、PTA家庭学級などの機会をうまく利用する。

　5点目は、学習習慣の一層の確立である。授業時間の規律の醸成、スマートフォンやゲームの適正な利用、家庭での基本習慣育成、良好な人間関係づくりなどに、今から段階的に取り組む。

　6点目は、校内の意思決定システムの効率化である。会議の厳選、各種会合の見直し、関係書類供覧、保護者との連絡、児童への周知方法などの工夫を図る。

　7点目は、その他の方策である。非常勤職員の職能向上、新卒教員の即戦力システムづくり、校内執務環境整備、休業日の自宅での業務支援等、改善の余地は見つかるはずである。

　全面実施の前年、2019年は政府も国民も忙しい年になる。天皇陛下退位、新天皇即位、10連休実施？、新元号実施、G20、ラグビーワールドカップ、即位の礼……、そういう環境の中で2020年の学習指導要領全面実施と東京オリンピック・パラリンピックを迎えるのである。

　まもなく民泊も始まる。訪日外国人はさらに増加する。ラグビーワールドカップの事前合宿も始まる。オリンピックの各国の練習会場も決まる。この数年間、国内の安全確保体制の確立とテロの防止は最大のテーマとなる。

　学校もその例外ではない。学校の屋上に危険物が仕掛けられる。サイバーテロの攻撃を受ける。その可能性も否定できない。

　東京オリンピック・パラリンピックに関わる教育活動もますます増加する。事前の文化的行事も開催される。「今世紀最大級」の美術展や音楽会も開催されるだろう。学校も子供たちも高揚感に包まれる。

　学習指導要領全面実施の前年はまことに慌ただしい。

　管理職に全面実施までの展望と計画が無ければ、学校経営は忙しさの中に埋没する。それは、教職員と子供たちの静謐な学習環境を奪うことになる。

　管理職は、新学習指導要領の「変わるもの」と「変わらぬもの」を見極めて、安定した学校経営を進めたいものだ。

Profile

むこうやま・ゆきお　公立学校教員、文京区教育委員会指導主事、東京都教育委員会指導主事、品川区教育委員会指導課長、葛飾区立清和小学校長、中央区立阪本小学校長、同泰明小学校長兼幼稚園長を経て、帝京大学教職大学院教授。全国連合小学校長会会長、東京都公立小学校長会会長、中央教育審議会初中分科会委員などを歴任。著書『平成の校長学』『ミドル教師―ニューリーダーとしての自己啓発ノート』『平成の学校づくり』『平成の学校歳時記』等多数。

学校経営計画の構成と実践
質の向上と実現性を高めるポイント

兵庫教育大学大学院教授
浅野良一

「学校経営計画」の現状と課題

　各学校では、年度当初の職員会議で学校経営計画が提示され、教職員の共通理解を得ることで、わが校の目標や方針を示している。ただ、教育委員会や学校ごとに「学校経営ビジョン」「学校経営方針」「学校グランドデザイン」「学校マニフェスト」など、呼び方は様々である。またその内容を見ると、「目指す児童像」「めざす学校像」「教育の指針」「行動指針」「重点事項」「重点目標」「努力点」「ミッション」など、これらも用語として統一された状態ではない。

　企業では、一般的に学校経営計画にあたるものとして、上位から「経営理念：経営の哲学、価値観」「経営ビジョン：目指す姿・目標」「経営戦略：ビジョンを達成するための方策」「経営計画：戦略を具体化した施策展開のプラン」があるが、学校の場合、これらが混在している印象である。

　そこで本稿では、まず第1に学校経営において学校経営計画が持つ意味とレベルを意思決定の側面から考える。第2に、学校経営計画の構成要素と相互の関係を整理したい。そして第3に、学校経営計画を立案し実践するための簡便な分析手法を紹介する。なお、今回は、経営理念、経営ビジョン、経営戦略、経営計画が盛り込まれたものをカッコつきで「学校経営計画」と表記する。

意思決定としての「学校経営計画」

　個人の行動であれ組織の行動であれ、行動を引き起こすものは、人が行う意思決定であり選択である。したがって、行動は意思決定の結果にすぎない。教職員の日常は、まさに問題解決行動の連続である。そして、その問題解決行動の前提には、何らかの意思決定が存在している。しかし、それらの意思決定は、決して個々バラバラに行われているわけではない。

　教職員の諸活動をまとめ、学校組織の活動を充実させるための意思決定には、「戦略的決定」「管理的決定」「業務的決定」という三つの異なるレベルがある。「戦略的決定」とは、わが校がおかれた環境状況の解釈・意味付け、わが校の目指す姿や活動の重点化に関わるもので、様々な環境変化に有効に対処していくために、校長が行う最も包括的で重要な決定である。

　これに対して、「管理的決定」とは、わが校の組織構造や運営のしくみに関するものや目指す姿の実現や重点事項の達成に向けて、教育活動のシステムを

設計し、その活動をつくり込んでいくための決定である。

そして、「業務的決定」は教育活動の遂行プロセスで日常的に行われるもので、想定外の例外的事項への対応を除けば、校長が行うよりも、それぞれの活動を担当するメンバーに決定権が移譲される性質のものである。「学校経営計画」は、経営活動におけるこれら三つの意思決定を含んだものとして捉えることができるが、「戦略的決定」「管理的決定」のウエイトが高いことは言うまでもない。

「業務的決定は、戦略的決定を駆逐する」と指摘したのは、サイモン（H.A.Simon）である。校長が、業務的決定と戦略的決定の責任を同時に持つ学校では、日常的な業務的決定の処理に追われて、中・長期の視点での取組や仕事の抜本的な見直しにつながる戦略的決定が犠牲にされるというのである。これを「意思決定におけるグレシャムの法則」という。

つまり、「学校経営計画」の中に、確実に「戦略的決定」を盛り込んでおかないと、日々の業務に取り組むだけで１年間が過ぎてしまうのである。「学校経営計画」を作成する校長には、戦略的決定を過不足なく行う役割が求められている。

戦略的決定としての「学校経営計画」の要素

（1）経営ビジョンとしてのめざす姿

「学校経営計画」に盛り込むべきは、経営ビジョンとして「めざす子ども像」が挙げられる。学校教育目標は、「眼前の子どもについて、これを育て上げようとする望ましい人間についての具体的な目当て」（上滝孝治郎・山村賢明・藤枝静正著『日本の学校教育目標』ぎょうせい、1978年）とされており、めざす子ども像に近い。

多くの学校は、学校教育目標を年度ごとに見直すことは少ないが、学校教育目標とは別に「めざす子ども像」を作成しているように思われる。特に最近、地域連携や小中一貫、中高一貫に取り組む学校は、外部の人たちにもイメージしやすい「めざす子ども像」を設定している。

経営ビジョンとして、次に「めざす学校像」があげられる。これは、いわゆる組織の使命（ミッション）であり、存在意義を示すものである。「めざす学校像」とは、社会や地域や子どもたちにとってどのような存在でありたいのかを明示することである。

（2）経営戦略としての力の入れどころ

「学校経営計画」の経営戦略にあたる部分が、「力の入れどころ」である。これは、「めざす子ども像」や「めざす学校像」を達成するために、特に力を入れて取り組む事項である。学校では、重点事項、重点目標、努力点等、様々な言い方があり、学校の持つ内外の経営資源や能力を結集して成果を上げようとするベクトル（方向性）である。

経営戦略である重点事項を設定する理由は、学校が経営資源を潤沢に持っていないからである。潤沢ではない資源をばらまいてしまうと、全部がうまくいかない。そこで、「ここぞ」という点に集中して力を注ぎ、得られた成果を全体に波及させるやり方が資源の豊富でない場合にとる戦略の常道である。

また、重点事項には、子どもたちの学力や社会性、体力の向上に直結した「教育の重点」と、その実現のための職場の活性化や他校種連携等の「経営の重点」に分ける場合もある。

さらに、経営戦略には、重点事項に加えてわが校の特色がある。特色とは、他校と違ったことをすることではなく、わが校の強みや得意手を活用して、わが校ならではの教育活動・取組を展開し、その結果、わが校ならではの子どもたちへの教育成果を獲得することである。「学校経営計画」を構成する経営戦略には、重点事項と特色がある。

theme 2

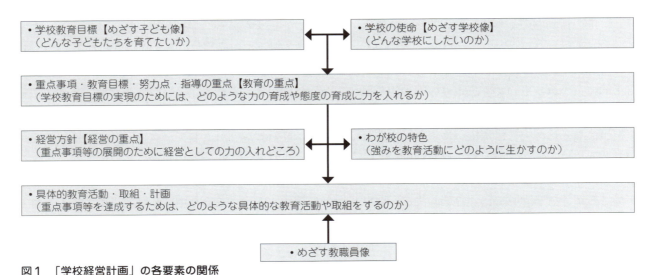

図1 「学校経営計画」の各要素の関係

(3) 中心価値・行動規範の共有

「学校経営計画」に欠かせないのが構成員の中心価値・行動規範である。これは、「めざす子ども像」や「めざす学校像」実現のために、全教職員が遵守すべき行動指針であり、学校では「目指す教職員像」として示されているケースが多い。以上の「学校経営計画」の各種要素の関係を示したのが図1である。

「学校経営計画」と状況の法則

校長の意思決定である「学校経営計画」の実現のためには、教職員の理解と納得を得ることが不可欠である。そのためには、フォレット（M.P.Follet）の言う「状況の法則」に沿った環境分析が必要になる。「状況の法則」とは「人は他人の決定による命令では動かない。人は、その決定の背景にある状況の理解・納得で動く」というもので、環境分析の簡便な手法であるSWOT分析が活用できる。

SWOT分析とは、学校の内外環境のうち、外部環境を「機会（Opportunity）」と「脅威（Threat）」に、内部環境を「強み（Strength）」と「弱み（Weakness）」に整理する手法で、外部の「機会」を活用したカリキュラムや、外部の「機会」と内部の「強み（Strength）」を中心に学校の特色づくりに活用しようとするものである（図2）。

この分析の特徴の一つは、内外環境を定量的に分析するのではなく、それらがどのような意味を持つかを検討することにある。例えば、コップに水が何％入っているかを見るのではなく、そのコップの水は「まだ半分ある」のか、「もう半分しかない」のかを解釈するのである。つまり、校長の意思決定である「学校経営計画」がつくられた背景を説明する材料として活用できる。それにより「状況の法則」が働き、教職員の理解と納得を得ることで、実現の可能性を高めるのである。

図2 学校におけるSWOT分析

校内におけるSWOT分析のススメ

まずは、学校の外部環境の要素を洗い出す。学校の外を見まわすと、保護者、地域住民がいる。様々な関係機関・公的機関、接続する学校園がある。そして、わが校の卒業生や同窓会、さらに、地域の産業、自然・風土、歴史・文化もある。つまり、学校の外部には、多くの「人」や「もの」「こと」が存在している。

次に、学校の内部環境に目を向ける。まず、児童生徒、教職員、管理職といったヒューマンウエアがある。施設・設備や研究指定・裁量経費などの予算など、ハードウエアがある。そして、わが校の〇〇メソッド、〇〇スタンダード、〇〇方式や、わが校の校風・伝統、そして、学校の文化や風土といったソフトウエアを持っている。

そして、これらの洗い出した学校内外の要素について、その客観的な特徴や事実をもとに、わが校に対するプラス面とマイナス面の両方を検討する。

学校に限らずSWOT分析をすると、マイナス面はかなり分析・把握されている場合が多い。なぜならば、マイナス面については、その解決や対応が必要だからである。

ところが、プラス面は、少し考えないと出てこない。実際にやってみると、「そう言われてみれば確かにそうだ」が多くある。教職員の大切にしていることに、「子どものいいとこ探し」「いいとこ見つけ」がある。学校のSWOT分析は、「わが校のいいとこ探し」「いいとこ見つけ」なのである。

とりわけ、学校の外のプラス面は、経営資源という観点でも重要である。一般的に、経営資源には、「人」「モノ」「カネ」「情報」「ネットワーク」があると言われている。学校の場合のネットワーク資源には、①自治会等の地域コミュニティ、②同窓会等の

図3 「学校経営計画」の質と実現性を高める教職員の参画

卒業生ネットワーク、③同じ設置者の他校、それは接続する学校や同じ中学校区内の学校、高等学校や特別支援学校の場合は同じタイプの学校がある。つまり、学校の外のプラス面を多く見つけることは、学校運営の資源獲得の意味でも大切なことである。

このSWOT分析を校内で教職員が参画して行う意義は、先ほど述べた状況の共有による「学校経営計画」の理解と納得や、外部の経営資源の獲得のヒントを得るだけではない。多くの教職員が参画し、それぞれが持っている情報を出し合いながら検討することで、学校の内外環境の分析精度が上がり、「学校経営計画」の質的向上が見込める。また、「学校経営計画」づくりに参画した満足感は、「学校経営計画」の受容につながり、実践時のやらされ感が軽減し、教育成果に結び付きやすい（図3）。

本稿で述べた内容については、独立行政法人教職員支援機構の校内研修シリーズ「学校組織マネジメントⅠ（学校の内外環境の分析）」と、「学校組織マネジメントⅡ（学校ビジョンの検討）」で配信しているので参考にしていただけたらと思う。

Profile

あさの・りょういち　東北大学教育学部卒業後、民間企業を経て、昭和61年産業能率大学入職。経営管理研究所主任研究員を経て、平成19年度から兵庫教育大学大学院教授。専門は、組織マネジメント、人材育成。主な著作に、『学校の組織マネジメント能力の向上』（共著）（教育開発研究所）、『ステップアップ：学校組織マネジメント』（共著）（第一法規）、『学校のニューリーダーを育てる』（共著）（学事出版）、『学校におけるOJTの効果的な進め方』（編著）（教育開発研究所）等。

theme 3

移行期のカリキュラム・マネジメントにどう着手するか

甲南女子大学教授
村川雅弘

　小学校は平成30年度より2年間、中学校は30年度より3年間、移行期に入る。教科等ごとに取扱いが異なる。教科書対応が必要でない総則及び総合的な学習の時間、特別活動は新学習指導要領による実施が求められている。平成27年3月に特別の教科となった道徳に関しては、小学校は30年度より、中学校は31年度（30年度より先行実施可能）より新学習指導要領対応となる。また、小学校の外国語活動と外国語科については、新学習指導要領の内容の一部を加えての実施が求められている。教科では、小学校においては生活、音楽、図画工作、家庭、体育、中学校においては音楽、美術、技術・家庭、外国語が新学習指導要領対応を可能とし、その他の教科に関しては、指導内容の欠落が生じないように指導することを求めている。

　本稿では、総則を中心に教育課程全体に関して、移行期にカリキュラム・マネジメント（以下、カリマネ）をどう考え展開していけばよいのかを示したい。

答申を紐解きながら総則を確認する

　筆者の知るところ、学校現場には、新しい学習指導要領、特に総則に目を通す習慣がこれまでなかったように思える。教育課程編成は教務主任以上の一部の教職員の校務で、学習指導要領を読まなくても検定教科書を使っていれば大丈夫という考えが根強いと感じる。今次改訂でもそのようなスタンスでよいのだろうか。

　平成31年度より教員養成系の学部・学科の教育課程に関連する科目が、教員免許状取得の必修となり、カリマネの内容を必ず含めること、学習指導要領をテキストとして必ず使用することが示されている。教育課程及びカリマネに関する理解が新任を含める全ての教職員に求められ、「学習指導要領を読まない、総則を知らない」では済まない時代を迎えている。

　今次改訂では総則部分が現行に比べ倍増している。各学校において校長の方針の下でのカリマネの実現が求められており、カリマネに関する内容がかなりの部分を占めている。また、資質・能力の育成を目指した目標設定やその達成のための授業改善の視点に関する共通事項は総則に示されている。教職員で総則を適切に理解しておくことが求められる。移行期の中でカリマネ実現に向けどのように考え進めていけばよいのか、学習指導要領作成の基盤となった中教審答申（平成28年12月）も紐解きながら確認していきたい。

子どもの実態を踏まえて教育目標と資質・能力の明確化を図る

　カリマネでまず大事なことは、学校として子どもたちのどのような力を付けたいのかという目標のベクトルを揃えることである。今次改訂では、「豊かな人生の実現や災害等を乗り越えて次代の社会を形成することに向けた現代的な諸課題に対応して求められる資質・能力」(「小学校学習指導要領(平成29年告示)」(p.5)の育成が求められており、具体的には資質・能力の三つの柱「生きて働く『知識・技能』」「未知の状況にも対応できる『思考力・判断力・表現力等』」「学びを人生や社会に生かそうとする『学びに向かう力・人間性等』」が、各教科等の目標の中で示されている。中学校も高等学校も同様である。

　学校が教育目標やその具体である資質・能力を設定する上で、子どもや地域の実態を把握し、共有化することが前提となる。筆者は、「概念化シート」を使った子どもの実態分析ワークショップ[1]を勧めている。縦軸を「よさ」と「課題」、横軸を「生活面」と「学習面」とする。授業改善や学校改革のための具体的なプランを同僚と協働的に計画・実施していく上で有効な研修である。子どもの実態を共通理解した上で、学習指導要領で示されている資質・能力を踏まえて、学校教育目標や学校として求める資質・能力を明らかにしていきたい。

　かつて生徒指導困難校であった岩国市立川下中学校は、その改善後、学力向上を目指した[2]。校内研究を始めるに当たり、生徒の実態把握を行った。そのとき行ったのがこの研修である。その結果、「主体性」「向上心」「表現力」の課題解決のために「自ら学び、豊かに、表現できる生徒」、「基礎学力」「聴く力」「表現力」の課題解決のために「学びの基盤づくりと聴き合う、伝え合う生徒」という研究主題と副主題を掲げた。「学びの基礎づくり」としての「学習の手引き」の開発、授業改善の視点としての言語活動の充実、教師の指導技術の向上のための「かわしもモデル」の作成等を行い、学力向上を果たした。

全国学力・学習状況調査の結果の分析を通して子どもの実態を捉える

　全国学力・学習状況調査(以下、「全国学調」)や都道府県版学力調査等の各種調査も子どもたちの実態把握に活用したい。その分析・検討は全教職員で取り組みたい。結果は全て学校の成果であり、課題である。特に、課題に関しては具体的な改善策を学校全体で模索し、その実現に取り組む必要がある。

　全国学調の以下の項目(( )が小学校、[ ]が中学校)は子どもたちの現状を知る上で参考となる。

　まず、(8)[8]「友達と話し合うとき、友達の話や意見を最後まで聞くことができる」、(9)[9]「友達と話し合うとき、友達の考えを受け止めて、自分の考えを持つことができる」、(36)[38]「学級会などの話合いの活動で、自分とは異なる意見や少数意見のよさを生かしたり、折り合いをつけたりして話し合い、意見をまとめている」、(55)[57]「授業では、先生から示される課題や、学級やグループの中で、自分たちで立てた課題に対して、自ら考え、自分から取り組んでいたと思う」、(57)[59]「授業では、学級の友達と〔生徒〕の間で話し合う活動をよく行っていたと思う」、(68)[70]「学級の友達と〔生徒〕の間で話し合う活動を通じて、自分の考えを深めたり、広げたりすることができている」などは現行の言語活動の充実の成果であるが、主体的・対話的で深い学びにつながる実態である。

　次に、(11)[11]「授業で学んだことを、ほかの学習や普段の生活に生かしている」、(73)[75]「国語の授業で学習したことは、将来、社会に出たときに役に立つ」、(83)[85]「算数・数学の授業で学習

theme 3

したことを普段の生活の中で活用できないか考える」、(84)［86］「算数・数学の授業で学習したことは、将来、社会に出たときに役に立つ」などは資質・能力の三つ目の柱「学びを人生や社会に生かそうとする『学びに向かう力・人間性等』」に関する子どもの実態と言える。

そして、(54)［56］「『総合的な学習の時間』では、自分で課題を立てて情報を集め整理して、調べたことを発表するなどの学習活動に取り組んでいる」も重要な項目である。この３年間、広島県及び高知県の探究的な授業づくりに関わった。特に総合的な学習の時間に力を入れた中学校は、この項目の数値にその成果が表れており、軒並み全国学調の数学や国語の成績が向上している。新学習指導要領においても総合的な学習の時間の充実が謳われているが、重要な指標となる。

主体的・対話的で深い学びと学習の基盤づくりに着手する

資質・能力育成の鍵を握るのが主体的・対話的で深い学びによる日々の授業改善である。「主体的な学び」とは「学ぶことに興味や関心を持ち、自己のキャリア形成の方向性と関連付けながら、見通しを持って粘り強く取り組み、自己の学習活動を振り返って次につなげる」学びである。「『学びに向かう力・人間性等』の涵養」につながる。「対話的な学び」とは「子供同士の協働、教職員や地域の人との対話、先哲の考え方を手掛かりに考えること等を通じ、自己の考えを広げ深める」学びである。自己の考えと比べたり関連付けたりすることによる「先哲」との対話（いわゆる「自己内対話」）も含まれる。「深い学び」とは「習得・活用・探究という学びの過程の中で、各教科等の特質に応じた『見方・考え方』を働かせながら、知識を相互に関連付けてより深く理解したり、情報を精査して考えを形成したり、問題を見いだして解決策を考えたり、思いや考えを基に創造したりすることに向かう」学びである。各教科等で身に付けた知識や技能及び「見方・考え方」を意識的に活用して学習することが重要である。

各校において、教科や道徳、総合的な学習の時間、特別活動等の活動場面で「主体的な学び」「対話的な学び」「深い学び」につながる子どもの具体的な姿とはどのような姿なのか、その姿を引き出すためにどのような手立て（学習規律や言語活動の育成、教材や発問、板書、ワークシートの工夫、教室環境の整備、ICTの活用など）を打てばよいのか、具体化と共有化を図る研修を勧めている。**写真1**のように、横軸を「主体的な学び」「対話的な学び」「深い学び」とし、縦軸を「子どもの姿」と「教師の手立て」としたマトリクスを活用したワークショップである。幼稚園から高等学校、特別支援学校等で共通に活用できる。また、教員免許更新講習のような様々な学校種の教員による混成チームでも有効である。幼稚園や小学校の場合には、３歳児・４歳児・５歳児や低・中・高学年のチームに分かれて整理し、その結果を付き合わせることで発達段階による子どもの姿やそのための教師の手立てが明確になってくる。中学校や高等学校では教科ごとや教科学習と道徳、総合的な学習の時間、特別活動のチームに分かれて整

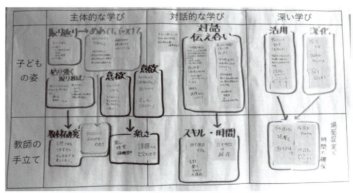

写真1

理し比較・検討することが有効である。

学校が目指す授業の共通イメージをカタチに共有化を図る

「主体的・対話的で深い学び」の実現には、子ども一人一人が安心して自己の思いや考えを述べ合い、受け入れ合い、つなげ合える受容的な関係づくりや学習規律、学習技能の定着に学校を挙げて取り組むことが求められる。筆者はこれまで「学びのインフラ整備」と呼んできたが、総則では「学習の基盤」として「言語能力、情報活用能力（情報モラルを含む）、問題発見・解決能力等」を挙げている。

これらの能力は個々の教師の力では定着させることは困難である。学校として共通理解を図り、積み上げていくことが求められる。前述の川下中のように「学習の手引き」のような形で共有化を図り定着させた学校は少なくない。また、「授業スタンダード」（例えば、「課題の確認」「自力解決」「集団解決」「まとめ」「振り返り」といった授業の展開や構成に関する共有化）として、授業の大きな展開については概ね揃えた上で、教科や内容の特性、教師の個性により必要に応じてアレンジできるようにしている学校も増えてきた。

高知県の本山町立嶺北中学校でも授業スタンダードとして「嶺北スタンダート」を設定し、授業改善に取り組んできた。授業に対する生徒の満足度は年々上がってきている。また、指導案を工夫し、「学校で育てたい資質・能力」や「主体的・対話的で深い学び」との関連や思考の可視化を図る板書計画を記載することで授業スタンダードに基づく授業づくりの質を担保しようとしている[3]。指導案は授業の設計・実施・評価において共通理解を図る上で重要な役目を果たす。自校の授業づくりの基本的な考え方が反映された指導案の形式に従って授業を計画していく

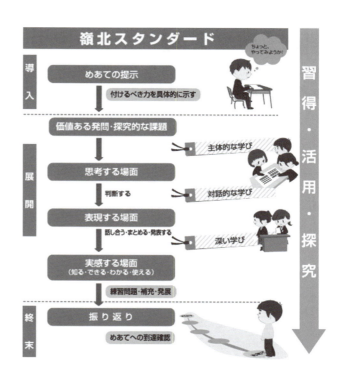

ことにより、その学校が目指している授業の共有化が図られる。子どもたちも教師（特に若手教員）も安心して授業に臨むことができる。

[参考文献]
1 村川雅弘著『ワークショップ型教員研修 はじめの一歩』教育開発研究所、2016年、pp.61-62
2 山口県岩国市立川下中学校「全教職員で子どもの実態を把握し目標と手立てを共有」村川雅弘・野口徹・田村知子・西留安雄編著『「カリマネ」で学校はここまで変わる！』ぎょうせい、2013年、pp.101-113
3 高知県本山町立嶺北中学校長・大谷俊彦「授業改善と教員の意識改革へのアプローチ」村川雅弘編『学力向上・授業改善・学校改革 カリマネ100の処方』教育開発研究所、2018年、pp.181-189

Profile

むらかわ・まさひろ 鳴門教育大学大学院教授を経て、2017年4月より甲南女子大学教授。中央教育審議会中学校部会及び生活総合部会委員。著書は、『「カリマネ」で学校はここまで変わる！』（ぎょうせい）、『ワークショップ型教員研修 はじめの一歩』（教育開発研究所）など。

新学習指導要領全面実施に向けた教育課程編成と管理職の役割
いかにして、コンピテンシー・ベースの教育課程編成にするか

福岡県筑後市立水洗小学校長
加藤英也

コンピテンシー・ベースの教育課程への課題

　学校にとって、教育課程の編成は、学校の教育目標達成のための最も重要な作業であり、目指す子どもの姿を具現化していくための教育活動の青写真である。新学習指導要領によって示された三つの柱（「知識・技能」「思考力・判断力・表現力等」「学びに向かう力、人間性等」）を育成するために、これまでのコンテンツ・ベースによる教育課程から、コンピテンシー・ベースの教育課程に変革させなければならないことは周知のとおりである。その趣旨や背景もこれまでの職員研修等の中で、職員に概ねの理解が図られていることと思う。しかしながら、いざ新学習指導要領に沿った教育課程を編成するとなると簡単にはいかない。働き方改革が謳われる中で、全く新しい手法によって、教育課程を編成しなければならない職員の負担は大きなものとなるであろうし、一部の職員で教育課程を編成してしまうことは、今回示されたカリキュラム・マネジメントの趣旨に合わない。だからといって、管理職が何の指導もせずに、教育課程編成作業を委ねてしまっては、旧態依然とした（コンテンツ・ベースのままの）教育課程に陥ってしまう恐れがある。

　例えば、3年生の算数科で「大きな数」として万の位の学習を行う。同様に、理科で「植物の成長」の学習を行うが、ひまわりを教材として取り上げる学校も少なくない。これまでは、大きな数を数える対象（素材）として、ひまわりの種を扱うことで、この二つの単元を関連付け、単元の実施時期に配慮をするなどの教科横断的な工夫を行ってきた。しかしこれは、あくまでも対象（素材）の関連であって、これから目指すコンピテンシー・ベースの教育課程における教科横断的な編成の趣旨とは異なってくる。こうしたことを十分留意しながら教育課程編成を行うことを職員に周知させることが必要になってくる。

　そこで、移行措置がなされるこれから2年間の中で、新学習指導要領に沿った教育課程編成のロードマップと管理職としてなすべきことを示したいと思う。

外国語科・外国語活動の時数確保について（移行措置から全面実施へ）

　平成30年度から移行措置が始まる。この年に行うべきことは、道徳科、特別活動、外国語の先行実施への対応である。既に29年度に指導計画は作成済みであり、それにしたがって実践していくことで対応できる。ただし、外国語科・外国語活動に関しては、3年生以上で15時間の時数増になる。この時数の確保については、総合的な

[特集] 新学習指導要領全面実施までのロードマップ

■ case ■

学習の時間からの割愛、コマ数の増加、長期休業の活用、土曜授業の実施等の方策が各学校でとられている。本校では、移行措置の2年間に関しては、総合的な学習の時間から割愛して15時間を生み出すことも考えたが、2年後には再び元に戻す必要があるため、これまで国語や算数等に重点加配していた時数（各10時間）をなくし、そこから生まれる余剰時数を充てることとしている。さらに、32年度からの完全実施に向けて、これ以上のコマ数増は望ましくないと考え、15分の昼の活動の時間（ショートの時間）を3日分で1時間としてカウントすることとした。その際に、外国語科や外国語活動の時間として、ショートの時間を割り当てると、職員の外国語活動に対する不安や不慣れのため、確実な実施（時数の確保）が行われない可能性がある。

そこで、外国語の時間は、45分のコマを確保し、国語か算数の1時間分をショートの時間として割り当て、基礎的な事項の習熟の時数としてカウントすることとした。そのために、30年度において実施するショートの時間の活動内容を記録し、それを基に年間指導計画を作成し、31年度において改善を図っていくことにしている。このことによって、これまで通常の1単位時間に行っていた学習内容の復習や習熟の時間が削減され、主体的・対話的で深い学びに充てる時間の一層の充実が図れると考える。校長は、どの方策で時数を確保するのかを教育課程編成の基本方針として、いち早く決定しなければならない。

教科書採択による教科書の研究と教育課程編成

おそらく、全ての学校で教育課程の編成に当たって、諸計画が年度末を中心にして（一部は、教科書会社作成の資料を活用して）作成されている。

平成30年度は、道徳を除く教科の教科書検定の年であり、31年度は、採択の年に当たっている。算数や理科、社会等の教科は、教科書が変わっても指導する内容自体にあまり影響がない。しかし、国語や音楽、図画工作、道徳等の教科は教科書の題材・教材によって指導する内容やねらい、配時等が変わってくる。また、実際に教科書を手に取ってみないと教材研究が十分できないという教科の特性がある。教科書のない総合的な学習の時間や特別活動においては、各学校独自で年間指導計画を考えなければならない。

新学習指導要領に沿った教育課程を編成する上で、教科書の内容配列や時数配当はとても重要な情報であるため、事前に採択する教科書が手に入らないということは、大きなハンディになる。そこで、現行教科書の単元配列にしたがって、コンピテンシー・ベースの年間計画を仮に作成し、国語等の教科によっては、採択教科書が決定し、入手できた段階で、単元の配列や配当時数等の修正を行うしかないと考えている。管理職として、この二度手間になる作業手順を事前に職員に理解させなければならないと考える。

年間指導計画、教科の指導計画の作成

各教科等の指導要領解説の中では、全ての教科等で育成すべき資質・能力が三つの柱に整理され、単元や内容のまとまりごとに示されている。コンピテンシー・ベースの教育課程を作成する上での配慮だと思う。各教科の指導要領解説に示されたそれぞれの単元や内容のまとまりごとの資質・能力を踏まえて、これまでのように配列すれば、年間指導計画を作成することはできるかもしれない。しかし、そうして作成した指導計画だけでは、改訂の趣旨に合わないものになってしまうと考える。なぜなら、見た目では単元名と内容、配時が記述されているだけで、これまでの年間指導計画とほとんど変わりがないからである。

case

　筆者は今回の改訂で最も重要になるのは、「教科の指導計画」の作成であり、各教科特有の「見方・考え方の洗い出し」であると考えている。三つの柱に基づいてコンピテンシー・ベースの教育課程が作成できたとして、果たして教員は、その趣旨を十分汲み取った指導ができるだろうか。言葉を換えれば、資質・能力の育成を意図した教育課程の編成・実施・評価・改善のPDCAサイクルを回すこと（カリキュラム・マネジメント）ができるだろうか。筆者は、いわゆる「仏造って魂入れず」になることを危惧している。

　「魂」を入れるためには、「主体的・対話的で深い学び」の実現が大きな役割を担っていると考える。三つの柱の資質・能力を関連させ、深い学びを行うための鍵が、見方・考え方である。見方・考え方は、将来の社会生活に生きて働くものとなり、社会に開かれた教育課程の実現のための「魂」に当たると考えている。

　今回の改訂では、各教科の目標の冒頭に、「○○の見方・考え方を働かせ、〜」という文言が入っていることに注目したい。目標の中に含まれているキーワードの一つである。

　では、各教科の見方・考え方はいかなるものか。教科全体あるいは領域ごとの見方・考え方については、概略的に記されているが、各単元や内容のまとまりごとの見方・考え方については、詳細が明らかにされていない。ここを明らかにすることが、この単元で、どのような見方・考え方を育て、それが後の単元や後の学年での単元にどのように発展していくのかという系統が明確になり、深い学びにつながっていく。このことによって、各教科で育てた見方・考え方の関連が初めて付けられるようになり、総合的な学習の時間における教科の枠を越えた横断的・総合的な学びが実現できるようになると考える。

　しかし、この各教科の見方・考え方の洗い出しの作業は、実に困難である。各教科等別ワーキンググループ（以下、WG）等の議論のとりまとめ（H28.8.26）の中で、最も具体的に見方・考え方が例示されている社会・地理歴史・公民WGを基に、例を挙げよう。

　社会・地理歴史・公民WGの別添資料4には、社会的な見方・考え方の例（案）として以下の見方・考え方（小学校分を抜粋）が示されている。

小学校　社会的な見方
○【位置や空間的な広がりの視点】
・地理的位置、分布、地形、環境、気候、範囲、地域、構成、自然条件、社会的条件、土地利用など
○【時期や時間の経過の視点】
・時代、起源、由来、背景、変化、発展、継承、維持、向上、計画、持続可能性など
○【事象や人々の相互関係の視点】
・工夫、努力、願い、業績、働き、つながり、関わり、仕組み、協力、連携、対策・事業、役割、影響、多様性と共生など

小学校　社会的な考え方
　比較・分類したり総合したり、地域の人々や国民の生活と関連付けたりして考えること

　5年生の内容である食料生産（農業・水産業）や工業生産等の産業についての学習において、上記の三つの見方の視点から社会的事象を捉えることは必須であるが、それぞれの単元の学習において、どの下位項目から捉え、それがどのように進展・関連していくのが大切であるかを洗い出す作業には、ある程度の教科の専門性と多大の時間を必要とする。

　「位置や空間的な広がりの視点」だけに絞って述べれば、農業では盛んなところの地理的位置、分布、地形や気候等の自然条件が、水産業では地形や環境、海流などの自然条件が、工業では地理的位置や地域、交通・貿易などの社会的条件が洗い出されるであろう。それらをどのように関連付けて考察し、統合していくのかが明確でないと、深い学びにつながらない。

見方・考え方を洗い出すために

見方・考え方を洗い出し、教科の指導計画を作成する際に学年間の単元の系統が分かる資料があると、作業が行いやすい。右の図は古い資料ではあるが、筆者が県教育センターに勤務していた（平成14年）ころに、当時長期派遣研修員であった青木康弘氏に作成を依頼したものの一部である。このような系統図を基に、単元で身に付けるべき資質・能力や見方・考え方は何かを明らかにしていくことが必要となる。

以上のような作業を全教科の全学年の全単元に渡って行うことは、単独の学校では非常に困難なことであり、中学校ならまだしも小学校においては各教科のエキスパートがそろっているわけではないため、無理と言わざるをえない。だからといって、放置しておくことは避けたい。そこで、次のような方策をとるために管理職が働きかけることが必要と考える。

①市内、地域内などの教科等研究会が中心となって、あるいは校長会や教育委員会、教育事務所等が人員を選抜し、プロジェクトチームを組織して洗い出しを行う。

②洗い出した見方・考え方を集約し、それを基に「見方・考え方を取り込んだ共有の教科の指導計画（各教科編）」を作成する。

③各学校では、それを基に学校の実態や目指す資質・能力の育成に向けて選択、組織（教科間の資質・能力の関連付け……これがカリキュラム・マネジメントでいう教科横断的な視点で組み立てるということ）、配当を行い、学校独自の教育課程を作成する。

このような教科の指導計画（縦軸：学年、横軸：時期）は、年間

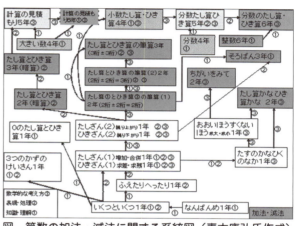

図　算数の加法・減法に関する系統図（青木康弘氏作成）

指導計画（縦軸：教科、横軸：時期）だけでは読み取れない、単元において育成する資質・能力や見方・考え方を俯瞰できる資料であり、教科横断的な指導を可能にする上で、必要なものになってくると考えている。

[参考文献]
- 「社会・地理歴史・公民ワーキンググループ及び高等学校の地歴・公民科科目の在り方に関する特別チームにおける審議の取りまとめ」別添資料4　H28.8.26
- 教育課程部会　教育課程企画特別部会資料4

	教育課程編成	管理職としてなすべきこと
H30	○移行措置先行実施への対応（道徳、外国語科等） ○教科書に基づく資質・能力の洗い出し ○31年度の年間指導計画作成（資質・能力ベースへの転換） ○主体的・対話的で深い学びの視点からの授業づくり	○時数増に対する教育課程編成基本方針の決定 ○見方・考え方の洗い出しと教科の指導計画作成プロジェクト設置への働きかけ ○授業イメージ共有化への指導・助言
H31	○教科書採択に基づく教科書の研究 ○新教科書に基づく年間指導計画の修正と教科間の資質・能力の関連付け（32年度年間指導計画）	○教科の特徴による年間指導計画の修正の必要性についての周知と手順の説明
H32	○新学習指導要領全面実施	○カリキュラム・マネジメント（PDCAサイクル）の充実・機能化

message

学校は「楽校」
「学校経営計画」作成に向けて

公益財団法人全国修学旅行研究協会理事長
岩瀬正司
(元全日本中学校長会長)

学習指導要領・学校経営計画とキーワード

(1) 学習指導要領の改訂

ほぼ10年ごとに改訂される学習指導要領であるが、その核心となる言葉（キーワード）が時として十分理解されないまま独り歩きしてしまうことがある。今回は「アクティブ・ラーニング」という言葉が燎原の火の如く教育界を席巻し、「アクティブ・ラーニング＝新教育課程」という観さえあった。今、「主体的・対話的で深い学び」という言葉に整理され、その具体的方策による授業改善が求められることによって、やっと落ち着いた。

過去にも「新しい学力」「ゆとり」「生きる力」「言語活動」等の言葉が頻出した。しかし、「学校経営計画」に時代の言葉（キーワード）を取り入れることは当然であるが、その意味については十分咀嚼・吟味して使いたいものである。

(2) キーワード「アクティブ・ラーニング」

そもそも「アクティブ・ラーニング」とは、「何を学ぶか」「どのように学ぶか」「何ができるようになるか」という学習指導要領改訂の背景となる学校教育を構造化するに当たって出てきた言葉である。従前の学習指導要領が「何を学ぶか」という学習内容に重点がおかれた知識習得に偏重していたことを反省し、21世紀を生きる子供たちに求められる真の学力を身に付けさせることを意図して改訂が行われたのである。

「どのように学ぶか＝アクティブ・ラーニング」は、重要課題の一つであることに相違ないが、あくまでも授業改善の一方策である。したがって、その言葉に拘泥することなく、学校教育で子供たちが「何を学ぶか」「どのように学ぶか」「何ができるようになるか」という3項目を意識した「学校経営計画」でありたい。そのためには、改訂の背景となった中央教育審議会の答申等についても整理・理解してほしいものである。

「教育課程」と「学校経営計画」

(1) 学校教育の根幹は「教育課程」

学校にパソコンはおろか満足なコピー機もなかった昭和の時代に、教務主任の私は薄紙にカーボン紙を挟んで「教育課程」を緊張しながらボールペンで清書していた。誤字脱字がないよう一言一句を慎重に吟味し、書き直しがきかない神経をすり減らす作

業であった。学校教育の根幹となる最重要文書だから、と校長から指導されていた。教育委員会への提出が無事に終了すると、学校では校長・教頭が慰労会をしてくれた。

未だ大らかな時代の学校であったが、提出された「教育課程」が学校教育の根幹文書であることは今も変わらないはずである。しかし、OA機器が発達し作業が簡便化したのと軌を一にするかのように、「教育課程」の重みもなくなってしまったかのようである。

（2）校長の指導力と「学校経営計画」

21世紀に入ったころと記憶しているが、学校を取り巻く環境も激変して校長の指導力が問われるようになった。学校「運営」が学校「経営」となり、そのための「学校経営計画（方針・ビジョン）」が求められるようになった。「学校経営計画」とは「教育課程」を実行していく上での校長自身の基本姿勢とその具現策を明確にしたものであり、校長の教育哲学が基盤となる。それはあくまでも「教育課程」に基づく学校経営であり、「教育課程」に明記された教育目標から外れた校長の経営目標などはありえない。

校長の指導力・経営力重視のあまり、校長の「学校経営計画」が偏重されている昨今の風潮は気になるところである。また、屋上屋を重ねる様々な文書の作成（「学校経営計画」以外の申告・評価・育成等の文書）が学校に氾濫しており、その整理・統合も望まれる。

（3）「学校経営計画」作成上のヒント

ア 「何のために？」：「教育課程」具現化のための校長の基本姿勢。工（行）程表。
イ 「誰のために？」：今のそして将来の子供のため。所属教職員にとっての教育活動の指針、保護者・地域社会の方への理解や協力を求めるため。
ウ 「内容は？」：校長の夢・教育哲学の発露。あるべき学校・子供たち・教職員の姿。教育目標達成のための具現策。
エ 「分量や内容は？」：自己満足の教育論文的な分量・内容は不可。読みやすく共感が得られるものに。要点をスローガン的にまとめたダイジェスト版も効果的。

私の「学校経営計画」の基本

私が初めて「学校経営計画」を作成した当時、いじめ、それを苦にした自死、不登校、といった深刻な課題が山積していた。何故いじめが起こるのか、何故自ら死を選んだのか、何故学校に来られないのか、等々その原因を考えたとき、学校が楽しくないからではないのか、という仮説にたどり着いた。それならば、学校を楽しいものにしよう、「学校は『楽校』だ」という結論に至り、それ以降「楽校」を信条としてきた。このことは教職を離れた今も誤りではなかったと確信している。

また、「学校経営計画」は「課題解決型」か「目標達成型」かも重要な視点となる。どちらに偏ってもいけないので、均衡のとれたものを心掛けた。

Profile

いわせ・まさし　昭和25（1950）年生まれ。東京都出身。大学卒業後、東京都公立中学校に社会科教諭として勤務。その後、墨田区立吾嬬第三中学校・同鐘淵中学校教頭、板橋区立志村第三中学校校長、中野区教育委員会指導室長、世田谷区立尾山台中学校校長、平成21（2009）年全日本中学校長会会長、公益財団法人日本中学校体育連盟会長、中央教育審議会臨時委員。平成24（2012）年より公益財団法人全国修学旅行研究協会理事長。

2018年4月から毎月発行。ご注文承り中！

次代の学びを創る 学校教育実践情報シリーズ

リーダーズ・ライブラリ
Leader's Library
全12巻

A4判、本文100頁（巻頭カラー4頁・本文2色／1色刷り）、横組
ぎょうせい／編
各巻定価（本体1,350円+税）各巻送料215円
セット定価（本体16,200円+税）送料サービス

これからのスクールリーダーを徹底サポート。
新課程下の「知りたい」を即解決！

■各巻特集テーマ（予定）

2018年

- **Vol.01（04月配本）新学習指導要領全面実施までのロードマップ**
  * to do と実施のポイントで今年度の課題を整理
- **Vol.02（05月配本）「社会に開かれた教育課程」のマネジメント**
  * PDCAで編成・実践する「社会に開かれた教育課程」
- **Vol.03（06月配本）Q&A 新教育課程を創る管理職の条件**
  * 知っておくべき学校管理職のための知識＆実践課題
- **Vol.04（07月配本）スクールリーダーのあり方・生き方**
  * 求められるリーダー像はこれだ！ 各界に学ぶリーダー論
- **Vol.05（08月配本）若手が育つ学校**〜学校の人材開発〜
  * 若手の意識を変える！ 年齢構成から考える組織マネジメント＆若手速成プラン
- **Vol.06（09月配本）シリーズ授業を変える1：今求められる授業の基礎技術**
  * 徹底追究！ いまさら聞けない授業技術（板書、机間巡視、指名etc）
- **Vol.07（10月配本）シリーズ授業を変える2：学びを起こす教師の「問い」**
  * 教師の「問い」研究 ―「主体的・対話的で深い学び」はこう実現する
- **Vol.08（11月配本）シリーズ授業を変える3：子供の学びをみとる評価**
  * もう迷わない！ 新しい学習評価の必須ポイント
- **Vol.09（12月配本）子供の危機管理**〜虐待・不登校・いじめ・暴力にどう向き合うか〜
  * 子供を守れるリーダーに！ 次代の危機管理の傾向＆対策

2019年

- **Vol.10（01月配本）教師の働き方とメンタル・マネジメント**
  * 管理職の腕次第!? 教師が生きる職場のつくり方
- **Vol.11（02月配本）インクルーシブ教育とユニバーサルデザイン**
  * 「合理的配慮」から改めて特別支援教育を考える
- **Vol.12（03月配本）新教育課程に向けたチェック＆アクション**
  * 実施直前！ 移行期の振り返りと課題の確認で準備万端

＊特集テーマ・連載は変更する場合があります。

■連載ラインナップ（予定）

見開き2頁で「キモ」がわかる

リーダーのあり方・役割
- 直言 いま求められるスクールリーダーシップ〈有識者によるリレー論考〉
- 学校経営の地図【天笠 茂（千葉大学特任教授）】
- 学校現場の人づくり戦略【大野裕己（滋賀大学教授）】
- 教職 その働き方を考える【高野敬三（明海大学副学長）】
- 校長室のカリキュラム・マネジメント【末松裕基（東京学芸大学准教授）】
- トラブルの芽を摘む 管理職の直覚【中山大嘉俊（大阪市立堀江小学校長）】
- 学校を活性化させるリーダーシップ
  小学校【猿樂隆司（福岡県宗像市立自由ヶ丘小学校長）】
  中学校【工藤勇一（東京都千代田区立麹町中学校長）】

移行措置期の授業に効く

"JUGYO KENKYU"
- もう一度「子どもが学ぶ」ということをしっかりと考えてみる
  【奈須正裕（上智大学教授）】
- 授業力を鍛える新十二条
  【齊藤一弥（高知県教育委員会事務局学力向上総括専門官）】
- 新課程を生かす戦略と手法【村川雅弘（甲南女子大学教授）】
- 新教育課程実践講座Ⅰ 絶対満足できる！ 新しい英語授業
  【菅 正隆（大阪樟蔭女子大学教授）】
- 新教育課程実践講座Ⅱ 主体的・対話的で深く学ぶ道徳教育の実践
  【毛内嘉威（秋田公立美術大学教授）】

リーダーの素養を深める

教育の「今」
- 教育スクランブル
  図書館活用、プログラミング教育、部活動など現場の課題をタイムリーかつ多角的に掘り下げる
- 教育長インタビュー 次代を創るリーダーの戦略
- ルポ・社会に開かれた教育課程
- 教育Insight【渡辺敦司（教育ジャーナリスト）】

目と心でほっと一息

ハイタッチな時空間
[エッセイ]
- 山小屋の食卓【小林百合子（エッセイスト）】
- リレーエッセイ・わたしの好きなことば〈各界著名人によるリレーエッセイ〉
- 校長エッセイ・私の一品〈各地の校長によるリレーエッセイ〉
[カラーページ・フォトエッセイ]
- ブータンで見た 幸福の流儀【関 健作（写真家）】
- スポーツの力【髙須 力（写真家）】

● **Vol.2 特集予告**
「社会に開かれた教育課程」のマネジメント

インタビュー
- まちおこしに学ぶ地域と行政の連携／松崎了三［高知工科大学特任教授］

論考――theme
- 「社会に開かれた教育課程」の成立条件とは／佐藤晴雄［日本大学教授］
- カリキュラム開発のPDCA／四ヶ所清隆［福岡県久留米市立高良内小学校長］
- 「社会に開かれた教育課程」づくりにおけるリーダーの役割／
  寺崎千秋［一般財団法人教育調査研究所研究部長］

事例――case
- 「社会に開かれた教育課程」を実現するマネジメント／
  鹿児島県鹿児島市立田上小学校

提言――message
- カリキュラムの"開き具合"を問う／竹原和泉［特定非営利活動法人まちと学校のみらい代表理事］

◆**教育スクランブル**
部活動のこれからを考える

◆**ルポ・社会に開かれた教育課程**
新潟県上越市立春日小学校

●お問い合わせ・お申し込み先
㈱ぎょうせい
〒136-8575 東京都江東区新木場1-18-11
TEL：0120-953-431／FAX：0120-953-495
URL：https://shop.gyosei.jp

直言
いま求められる　[第1回]
スクールリーダーシップ

学びを創る『要務』はエンドレス

教育実践『響の会』会長
角田　明

チョッとひと言

　少々古臭い経験知も意識を変えて読めば新鮮に感じるかも知れない。

　そこで筆者が校長時代に児童の学びを支えるために「校長塾・眞心舘」を特設したことに関して述べてみよう。他校の取組などを意識せず特設に踏み切ることができたのは新設開校小学校の初代校長であったからである。保護者と地域の方々を巻き込んで在職3年間で26回（月に1回）を実践した。また、児童を対象に夏休みの「校長塾・寺子屋」を創設した。会場は1学級分の広さが確保されている校長室を充当したが、親子での参加者を含め毎回溢れるほどの盛況であった。我が国の教育史に残る寺子屋方式を模して実施に踏み切った。

　当時の「寺子屋」に通っていた小学生が今、小中学校の教員として活躍している。「寺子屋」の経験を通して、教員という職業に期待されることの大きさを意識し直している。

「『なってから』では間に合わない」

　これは筆者の口ぐせである。自らが管理職を拝した時点での愚直な感情をストレートに表現したものとご理解いただきたい。管理職としての確信のなかでこの理念（着想）で同士を見つめ続けたのは事実である。昇級機会を話題にすると「まだまだ」と謙遜する多くの教員とも出遭った。嗜好的な判断で管理職を嫌悪していると分かると無理強いは避けた。

　一方、「役職」となってしまうと一歩の前進もできない同士の状況に直面すると、他人事として放置できなくなり、自らの無能さに悩まされた。多種多様な経験を積めば役職を無難に果たせるわけでもない。決して同一の案件が巡ってくることがないので、自らが「やってみなければ」分からないからである。

　しかし、「なってから」でも十分に間に合うこともある。それは人間関係がもたらす"財宝的"支援力である。一般社会でも経営手腕を上げるリーダーには人的財産で窮地を救ってもらう人が多い。日常的に周囲との関係性を大事にしていることに尽きる。教員社会は学歴での給与格差も極めて少なく、「せんせい」という呼称で統一される異常社会である。さらに明白なことは全員が幹部候補生である。勤務環境次第では経営的な立場から逃れられない。したがって、自己研鑽は必須と言えるのである。初めて「主任」を拝命して立ち往生する者も多い。生真面目に「努める」姿勢だけでは突破することは不可能であることを理解しておかねばならない。

　学年主任と教務主任とは全く異質であり問題の掴み方まで全く異なる。間口と奥行きの違いが歴然とするので経験知は軽視できない。同時に同僚、とりわけ諸先輩の言動には充分な観察力が必要である。どこの職場にも有能な教員が素晴らしい成果を上げている。人間観察力は授業を観察する力量が育てば意外と楽であることも学んでおきたい。

授業が変われば学校は変わる

　教員から「授業への執念」を剥ぎ取ったら何も残

●Profile
1944年熊本県八代市生まれ。1968年神奈川県の高校で英語科教員生活を始める。以降、中学校への異動後は行政と学校との勤務を繰り返しながら、新設・開校の神奈川県茅ヶ崎市立緑が浜小学校の初代校長として着任した。2004年3月同校退職。その後は、教育実践『響の会』（1996年8月に茅ヶ崎市に創設した教員の自主研究会）の会長として、茅ヶ崎市を拠点にして、広島市・浜松市・立川市・高知市・豊橋市の『響の会』の研究会を軸にして、各地の小・中・高等学校からの要請に応じて講演活動を継続中。著書に『あせらない あわてない あきらめない』（教育出版）、『人は 人によりて 人になる』（MOKU出版）。ブログ http://sunshinki.exblog.jp/

らない。

授業には、教員としての運命さえも感じる。筆者には厳し過ぎる先輩教員の叱咤が大量にあるのでそのホンの一部をここでご紹介しよう。

「キミの授業は楽しいが学びになっていない。つまり銭の取れる授業ではないんだな」と言われ、その後は一言も交わしてもらえなかったことがある。授業が給料であるとの訓えであった。新採用教員として教壇に立った中学校での苦言が、その後も続いた厳しい試練にも堪えられ「授業を斬る」こともできるようにまで成長したのである。

時代は、アクティブ・ラーニングが授業の代名詞になるような授業論が主流になっている。アクティブ（活動的な）・ラーニング（学び）と押さえることを否定するわけではないが、活動的な学びだけが「目指す授業」と置き換えるには危険すぎる。授業の中に「話し合い・対話の時間」を設けるだけで学びが保障されると考えてはならない。「活発な話し合い」（教員がのめり込むこと自体が問題）には無駄が潜んでいることを自覚することが授業者としての責任である。45分・50分間の大半が喧騒の中にあって、それが退屈しない（アクティブ）のであるとすれば授業で良質の思考力を育むことなど期待できない。

沈思黙考する時間を保障する作業は「書く」ことである。書き残したものは授業記録にもなる。授業を変えるのは「書く」時間の確保であることを意識すれば授業は自ずから変容する。授業こそが積極的な生徒指導の時間である、と筆者は断じて疑わない。

次代の学校づくりに向けたリーダーの条件

次代を創るリーダーとは、育成能力を保有する人材である、と断言したい。それは以下の3条件を満たしていることである。筆者が管理職時代に描いた人材育成の青写真でもある。
①生徒指導の精神で教科授業（道徳科も含む）を創案する、②「授業実践」を内外に公開して授業での生徒理解度を認知させる、③「授業観察力」に優れ、同僚の育成指導に一役を担える。

総括すると「チーム学校」として常に協働精神で考えて、教科や学年や分掌の小さな「洲づくり」に明け暮れない人材が欲しいのである。

読者諸氏に馴染まないのが「授業観察力」であろうか。自校の教員が公開する授業を「参観して感想を述べ合う」校内授業研究会に筆者が出席要請されると指導助言のオクターブが異常に下がってしまう。①同業者の授業は観察すること、②感想より替案（たいあん）注を提示すること、③賛辞や慰労の言葉は不要、の三点の苦言を示してから助言を始める。これこそが、教員の人材育成を考える基本的な姿勢である。そして、設定された協議の時間を厳守するのである。時として15分位のショートスピーチで講評と助言を終えたこともある。次代のリーダーを育成するためには、①時間の管理能力、②授業観察力、の二本柱の基本事項を全ての教職員に知らしめることが必要だと考えている。そこにこそ「協働での学校づくり」の素養が育まれるのである。

[注] 替案＝「たいあん」と読ませる筆者の造語。代案ではない。

学校経営の
地図
［第1回］

学習指導要領総則に即した実践上の課題

● POINT ●
学習指導要領改訂に際して、改訂の理念をどのように扱っていくか。学校にとって古くて新しいテーマである。このたびの学習指導要領改訂は、"まずは総則から"を打ち出している。総則からどう課題を読み取り、実践していくかが問われている。

　本連載は、新課程のもとには学校経営上どのような課題があり、それをいかに実践していくか、改訂された学習指導要領総則をもとに取り上げていくことにしたい。

　このたびの学習指導要領改訂をめぐり、次の世代の育成をめざして「社会に開かれた教育課程」という理念が掲げられ、実現をめざす目標や方針が示された。それら一つ一つが、これからの時代を見据えて説かれたものととらえられる。

　しかし、それらは、実際に実践されることによって、しかも、実効性をともなう取組であることによって、意味を持ってくるものも少なくない。

　いかに、掲げられた改訂の理念を学校経営の実践として受けとめ展開していくか。学習指導要領改訂は、いよいよ局面を実践の場に移し、その在り方を問うことになったということである。

 学校・教室まで届かないということ

　ところで、学校において学習指導要領改訂が掲げる理念や基本方針の具体化をめぐって、それが決して容易なことではないことを改訂の歴史は物語っている。学習指導要領改訂の歴史にとって、改訂の理念の具体化は常に課題であり続けている。

　それは、"学習指導要領が改訂されても、学校まで届かない、教室にまで入らない"という言葉によく表されている。そこには、改訂の理念と具体が遊離し、理念が置き忘れられた状態になることを指摘する意も含まれている。

　一方、"学習指導要領改訂は教科等ごとに学校・教室に入っていく"という言葉もある。学習指導要領改訂の進行の仕方をみると、教科等ごとに入っていく姿がみられた。

　その学校において、校内研修においてある教科等を取り上げ、その教科等を授業研究などを通して学ぶことによって、学習指導要領の改訂の理念や基本的事項も一緒に理解を広げていくということである。

　特に小学校の場合、ある教科等を取り上げ、それを校内研究・研修の柱として学びを深めていく学校も珍しくない。しかも、その教科等にすぐれた見識や実践力を持つような教師が存在している場合、学校の学びが質的にも一層の深まりを見せることも少なくない。

　このようなことから、学習指導要領改訂の理念やコンセプトを理解することも含め、教科等が有力な存在になっていることがとらえられる。ある教科等を通して改訂の理念などを学び深めるという学び方をして学習指導要領改訂と向き合うのが、多くの学校の姿であるといえるかもしれない。

　確かに、学習指導要領改訂は教科書に収められ具

千葉大学特任教授
天笠　茂

あまがさ・しげる　昭和25年東京都生まれ。川崎市立子母口小学校教諭、筑波大学大学院教育学研究科博士課程単位取得退学。昭和57年千葉大学講師となり、平成9年より同大教授、平成28年度より同大特任教授。学校経営学、教育経営学、カリキュラム・マネジメント専攻。中央教育審議会初等中等教育分科会委員など文科省の各種委員等を務める。単著『学校経営の戦略と手法』『カリキュラムを基盤とする学校経営』をはじめ編著書多数。

体化されており、教室に届けられてもいる。教科書をもとに授業がなされることにおいて、学習指導要領改訂は教室に届いているということになる。

　ただ、これまでの教科等の目標は、改訂の理念をふまえるというよりも、その教科等の固有性を優先するものであったことも否定できない。すなわち、改訂の理念がどのようなものであっても、その教科等の本質と論理が優先されてきたこともおさえておきたい。

　いずれにしても、学習指導要領改訂は、教科等を通して学校に伝えられ、そして、教室にも入る仕組みとなっている。しかし、それは、学校・教師にとっては、教育内容の変更として扱われ、学習指導要領全体に関わる理念やコンセプトに関わることについては、その教科等の枠内において関連する事項として位置付けられる傾向にあることも否定できない。すなわち、学習指導要領全体のコンセプトと、教科等の教育内容や方法上の改善の求めとの修正や授業改善とが、うまくつながらないといったことも生じていた。

　改めて、学習指導要領改訂に際して、改訂の理念をどのように扱っていくかが、学校にとって古くて新しいテーマであることを、そして、この改善・克服が、このたびの学習指導要領改訂においても重要なテーマであることを、まずは確認しておきたい。

 ## まず、総則を校内で読む

　そこで、この点について改善の道筋を拓くにあたって、学習指導要領の総則に着目してみたい。まずは、総則を全教職員で読み合わせる。この点について見つめ直してみるところから、新学習指導要領に入ることも一つの学校経営上の方策と考えたい。

　早速、総則をめぐる慣習・慣行が浮かび上がってくるかもしれない。すなわち、総則は管理職、教科等は学級担任や教科担任などの教職員と、それぞれの守備範囲を設けて分担して読む。

　もし、そうならば、それを壊すことが、改善のための第一歩ということになる。

　確かに、これまでの総則は、教務主任が知っておけば済むような事項の示し方であったかもしれない。もちろん、全教職員が知っておかねばならない、教育課程の編成にあたっての基本方針や改訂の理念を示す基本的なコンセプトも明記されていた。しかし、教務主任や管理職のものとして総則がとらえられてきたことは否定できない。

　これに対して、このたびの学習指導要領改訂は、"すべての教職員にとっての総則"、あるいは、"まずは総則から"を打ち出している。学校として、いかに呼応するかが、学習指導要領への対応ということになる。

　このたびの総則は、六つの柱から構成されている。これを分担して概要をレポートし、意見交換を通して実践課題について共有をはかっていく。それを教務主任一人でということもあり、また、学年ごとに、あるいは、校務分掌ごとに六つの柱を分担するということも考えられる。総則の料理の仕方に知恵を絞ることも、このたびの学習指導要領対応として期待されるところである。

学校現場の**人づくり戦略**
［第1回］

学校組織の新たな状況と人材育成の課題

● POINT ●
2000年頃から現在にかけて、日本の学校の教員年齢構成は、「ピラミッド型」から「ふたこぶ型」に推移している。この変化は、学校現場に新たな人材育成の戦略づくりを求めている。

◆連載のねらい

　本連載では、学校制度の抜本的改革が進行する現在に求められる、学校現場における若手・リーダー層人材育成の戦略（研修の充実や組織化の工夫等）、及び管理職・教育委員会の役割について考えていきたい。
　「学校現場における人材育成」それ自体は、必ずしも新しいテーマと言えない。日本の学校は、授業研究を中心に校内で教員が力量を相互研鑽する文化を永く培ってきたし、2000年代以降においては教員の大量退職／採用の本格化に呼応して、「仕事を通じた能力開発（OJT）」手法の学校組織への活用、キャリア発達を意識した研修制度の改革（校内研修活性化との連動）が教育委員会・学校の双方で積極的に図られてきた。しかし、近年の学校の職員構成・組織実態の変化は、人材育成の新たな戦略・手法の構築を要請していると捉えられる。

◆学校の職員構成の変化と課題①
　　——年齢構成

　日本の学校（ここでは小・中学校を例にとる）の教員年齢構成は、国の標準定数を基盤に、児童生徒数増減及び教員退職者数増減等の影響（教員需要の増減）を受けて、長期的に変動している。例えば2000年前後は、40歳代教員（ミドル層）が分厚い一方、新規採用抑制により20歳代教員が薄い（50歳代教員も相対的に少ない）「ピラミッド」型の構成をなしていた。当時においては、やがて到来する退職・採用の増加を展望して、校内でベテランから若手への知識・技能の伝承をいかに図るかの比較的シンプルな構図で人材育成をデザインしえた。
　現在はどうだろうか。図は2016年度学校教員統計調査より公立小・中学校の本務教員の年齢構成をまとめたものである。これをみると、2000年代半ば以降各地で本格化した大量退職／採用に伴い、50歳代後半・20歳代が多く40歳代が少ない「ふたこぶ」型に年齢構成が変化していることが分かる（なお経験年数では、経験年数5年未満の教員層は公立小・中とも2割を占める）。
　現在の教員年齢構成は、いくつかの点で10年前と異なる人材育成上の留意点・課題を示唆しているように思われる。
　第1は、ミドル層教員の育成機会の充実である。現在の学校現場には、経験年数も豊かなミドル層教員数が絶対的に不足している。さらに、この層の教員は常に職場の「若手」に位置し、リーダー的役割の経験が相対的に少ない傾向がある。この教員層が、学校の組織能力向上に寄与するリーダー力量を効果的に形成するための教委・学校レベルの工夫が急務

おおの・やすき　昭和48年生まれ、北九州市出身。九州大学大学院人間環境学研究科修了（博士（教育学））。大阪教育大学准教授、兵庫教育大学大学院教授等を経て、平成29年度より滋賀大学教授。関西教育行政学会理事、日本教育経営学会研究推進委員会委員などを歴任。共著に『新たな学校課題とこれからのリーダーシップ』（ぎょうせい、2015年）ほか。

滋賀大学教授
大野裕己

の課題と言える。

　第2は、厚みを増す若手層の育成観・手法の再構築である。今後50歳代教員の退職が進行すると、学校現場は薄いミドル・ベテラン層と圧倒的に多い若手層で構成され、「先輩から若手への知識・技能継承」の構図が成り立ちがたくなることが想定される。その状況下では、「教員が一人前に育つ」力量観・職能発達の時間的展望を再定義しつつ、若手各層間を含む世代間の学び合いの促進など、新たな考え方での校内・校外研修の体系・手立ての機能化が求められる。

　その他、漸増傾向を帯びる定年後再任用教員についても、導入状況・勤務条件等の地域間差が大きく一括に論じがたいが、その知識・経験や「学び続ける」姿勢の学校現場（の人材育成）への影響力を鑑みれば、当該教員への関わりの方法論について開拓の余地は大きい。

◆学校の職員構成の変化と課題②――職種構成

　現在の学校の職員構成は、児童生徒の課題の複雑化や保護者の学校不信の増加といった環境変化により職種面においても変化を遂げつつある。2000年代以降、日本の学校組織は、主幹教諭・指導教諭等の制度化、さらにスクールカウンセラー・スクールソーシャルワーカー配置促進施策を典型に（その他非正規雇用による職種の拡大も含みうる）、垂直・水平両面での多職種化が進行した。この変化は、教委・学校管理職に対して、職種間協働による学校課題の解決を念頭に、各職種の個別文脈に即した人材育成のしくみづくりを求めることとなろう。

　本連載では、今回概観した課題群を順次取り上げて、学校現場における人材育成の戦略・方法を具体的に検討していきたい。

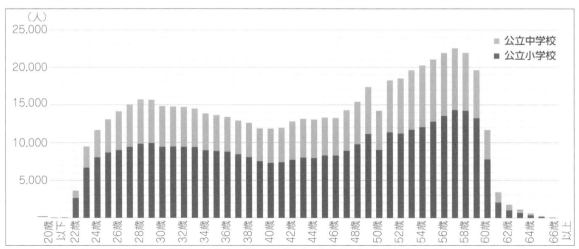

※校長・副校長・教頭・主幹教諭・指導教諭・助教諭・講師・養護教諭・養護助教諭・栄養教諭の合計数
（文部科学省　平成28年度学校教員統計調査結果を参照して作成）
図　公立小・中学校年齢別本務教員数（2016年10月現在）

教職
その働き方を
考える
[第1回]

魅力ある教職とは何か

●本稿のめあて●
①教職に就くことの意味とは何か。
②子どもたちが教職を職業選択する理由や魅力は何か。
③教職に求められる役割は社会の要請によりどのように変化しているか。

教職とは

　現在、全国の国公私立の幼稚園、小学校、中学校、高等学校、中等教育学校及び特別支援学校に勤務している110万人の教員は、教員採用選考等で合格して、教育職員免許法上で規定されている大学における所要の科目を修得して、卒業とともに都道府県教育委員会から教育職員免許状を交付された者です。

　こうした教員は、大学を卒業するための必要な要件単位を修得することに加えて、教育原理、教育心理、教科教育法や教育実習など教職に就くために不可欠な科目を別途学修してきた者です。

　筆者はこれまで、教職志望の学生に対して、「教師論」「教育原理」「生徒指導」という科目を担当しており、教職に関する基礎的なことを教えています。多くの学生は、子どもが好きで、教員に対する憧れをもつ学生です。通例、筆者が行う授業では、職業としての教職について、教育基本法第1条を説明して、教育は、「人格の完成を目指」すことを目的としていることを教えています。

教職という仕事に対する憧れ

　東京大学社会科学研究所とベネッセ教育総合研究所が共同で実施した「子どもの生活と学びに関する親子調査2015」（調査時期／2015年7～8月、小学校4年生から6年生、中学生・高校生の親子約2万1000組を調査対象に実施）では、将来どんな職業に就きたいかについて調査を行っています。それによると、中学生男子が就きたいとした職業の第1位は「学校の先生」（8.4％）であり、中学生女子では、第1位には、「保育士・幼稚園の先生」（11.1％）、第3位「学校の先生」（7.2％）となっています。本調査では、小学校4年生から小学校6年生までの小学校児童に対して同じ調査を実施していますが、小学校男子では、就きたい職業の第7位（2.8％）、小学校女子でも同順位の7位（5.1％）となっています。単純比較は難しいところですが、ベネッセ教育総合研究所が2009年に単独で実施した「第2回子ども生活実態基本調査」でも、「なりたい職業」に関する調査を実施しています。その結果においても、小学校男子・女子、中学校男子・女子は、「学校の先生」という職業を上位（小学校男子13位、小学校女子9位、中学校男子4位、中学校女子9位）に挙げています。つまり、10年以上前から、子どもたちが、将来就きたいとした職業に「学校の先生」は、かなり上位に入っていることが分かります。2015年といえば、学校の「いじめ問題」や「体罰問題」が大きな社会問題となった後であり、教員に対する「バッシング旋風」が大きく、教員に対する社会的評価が著しく低くなった時期以降に当たります。

他の職業にはない魅力

　現在では、学校の教員について、勤務時間があってないような状況であり、「教職はブラック」であるなどといった報道があるようですが、それでは、前述の調査結果をどのように見たらいいのでしょうか。

　子どもたちは、学校の先生と関わる時間が長く、先生の言葉・態度を含めた教育指導の好影響を大き

たかの・けいぞう　昭和29年新潟県生まれ。東京都立京橋高校教諭、東京都教育庁指導部高等学校教育指導課長、都立飛鳥高等学校長、東京都教育庁指導部長、東京都教育監・東京都教職員研修センター所長を歴任。平成27年から明海大学教授（教職課程担当）、平成28年度から現職、平成30年より明海大学外国語学部長、明海大学教職課程センター長、明海大学地域学校教育センター長を兼ねる。「不登校に関する調査研究協力者会議」委員、「教職課程コアカリキュラムの在り方に関する検討会議」委員、「中央教育審議会教員養成部会」委員（以上、文部科学省）を歴任。

明海大学副学長
高野敬三

く受けていると考えられます。学校では、学級担任、教科指導、特別活動（学校行事など）、部活指導の先生が一人ひとりの児童生徒に対して、朝登校後から下校時まで、本当に熱心に手厚い指導をしています。その絶対的時間数は、家庭における保護者のそれをはるかに上回っています。

　時間数だけではなく、その内容についても、保護者が容易に教えることができるものは少なく、専門的教育を受けてきた教員にしかできない場合が多いのです。「あのとき、あの先生のおかげで、現在の自分がある」「私の人生において、一番影響を与えてくださったのは小学校のときの担任の先生である」「自分がこの道を目指したのは、中学校のときの理科の先生のおかげである」などといった発言は、様々な分野で活躍している方々から、よく聞かれるものです。

　教職の魅力は、何といっても、子どもの人間形成に深く関わることができる面白さです。子どもの全人的な発達をサポートする職業に就き、教員も日々成長できることにあります。仕事を通して様々な子どもと関わり、その子どもの成長に尽くすことの喜びです。一人の教員が子どもの成長に関わり、子どもの喜怒哀楽を共有する喜びです。教員は、とかく、受け持ちの子どもについて、土日といった休業日でも考えているものです。こうしたことは、他の職業にはないものであり、だからこそ、ベネッセの調査結果にも表れていると思います。

教職に求められる役割

　日本型教育という言葉があります。それは、知識・技能の伝達者としての役割と人間形成への援助者としての役割を担うことが期待されている我が国の教員が実践してきた教育システムと言えましょう。人格の完成を目指す我が国の学校では、教員は教科指導を通して教科の基礎的・基本的な知識や技能を教えるとともに、基本的な生活指導、人間としての生き方・在り方、社会規範や道徳性などを教えることが求められています。

　しかしながら、教えるべき知識・技能や人間形成の援助の在り方というものは、社会の変化や時代の進展とともに必然的に変化していきます。近代日本の教育制度が確立された後も、教育の在り方・教職に求められる役割は、その見直しが図られました。具体的には、中教審答申、臨時教育審議会答申（第1次答申：1985年、以降4次にわたる答申）や教育職員養成審議会答申（1987年、以降3次にわたる答申）などにより、教育の内容やその在り方が、その都度、改善されていきます。直近では、2015年12月に出された中教審答申「これからの学校教育を担う教員の資質能力の向上について」他二つの答申と2016年12月の学習指導要領の改善に関する中教審答申があります。

　こうしたことから、教員は社会の要請に応えることが日々求められており、絶えず研究と修養に努めなければならないことは当然なことと言えます。

[参考文献]
- 「子どもの生活と学びに関する親子調査2015」結果（東京大学社会科学研究所・ベネッセ教育総合研究所）

[第1回]

校長の学校づくりのために
——率直な対話を心がけて

東京学芸大学准教授
末松裕基

　この連載は、教育界にありふれた考え方や当たり前とされていることを少し別の角度から捉え直すことで、学校づくりのためのアイデアや視点の参考となるような内容にしていきたいと思います。慌ただしい日々を見つめ直す一助となればと思います。そのためにも、政策等の形式的で一般的な解説をやめて（そういうものは他にいくらでもありますし、そういうものにもう飽き飽きしている方も多いのではないかと思います）、わたしも先生方と本音トークをしたいと思っています。

◆違和感と危うさ、そして可能性へ

　先日、大学の教職課程の授業でこんなことがありました。受講生は小学校と幼稚園の教員を目指す学部三年生が中心でした。授業の課題の一つとして「これからの学校に必要なこと」を論じるレポートを出題したのですが、ある学生が「これからの学校にはいま求められているカリキュラム・マネジメントに一丸となって取り組んでいく必要がある——」と書いていたのです。

　わたしは"こんな時代になったのか"と驚くと同時に、とても違和感を覚えました。管理職試験の作文であれば、そのような解答も褒められたかもしれませんが、二十歳前後の学生が心の底からそのような必要性を感じて論じているとは到底思えなかったからです。恐らくその学生は他の授業等で、中央教育審議会や政府関連文書で近年そのようなことが重要視されているということを習い、それを鵜呑みにして論じたのではないかと思います。

　何が言いたいかというと、そのような思考様式には大変な危うさを感じるということです。そこには当人の自発的な問題意識があるかどうか疑わしいです。昨今もてはやされている「カリキュラム・マネジメント」というものは正直、わたしにもよく分かりません。皆さんもそう思ってはいませんか？「学校経営」と何が違うのだろうとも思っていますし、「カリキュラム・マネジメント」という言葉を使っている人は大丈夫かなとも思います（本連載名にもなっていますが、これはわたしの考えたものではありません。変更を申し出ようかとも思いましたが、そのままにしておいた方が色んな問題を逆に考えることができるので良いかなとも思い、そのままにしています。今の学校をめぐる問題を象徴しているようにも思いますので、そういう現状やある意味理不尽さがあるからこそ、人間が考え、問題に向き合い解決する意義や価値も高まるのではないかと思っています）。

　2016年12月の中央教育審議会答申では、「カリキュラム・マネジメント」は次のように定義されています。

> 各学校には、学習指導要領等を受け止めつつ、子供たちの姿や地域の実情等を踏まえて、各学校が設定する学校教育目標を実現するために、学習指導要領等に基づき教育課程を編

●すえまつ・ひろき　専門は学校経営学。日本の学校経営改革、スクールリーダー育成をイギリスとの比較から研究している。編著書に『現代の学校を読み解く―学校の現在地と教育の未来』（春風社、2016）、『教育経営論』（学文社、2017）、共編著書に『未来をつかむ学級経営―学級のリアル・ロマン・キボウ』（学文社、2016）等。

> 成し、それを実施・評価し改善していくことが求められる。これが、いわゆる「カリキュラム・マネジメント」である。

　以上を踏まえて、皆さんは普段の「カリキュラム・マネジメント」への向き合い方についてどのように考えたでしょうか。

　恐らく、政策的に提示されている説明の新規性や重要性を実感を伴って理解できるものではないと受け止めた方が多いのではないでしょうか。

　これは、それらのものが自分たちにとって「意味がない」「関係がない」ということを表しているのではありません。学校は様々な公的影響下にありますし、ましてや校長はその影響をさらに強く受けます。ただし、政策的に言われていることやそこに示されている文言をもって、そのまま学校づくりの指針とすることには無理があります。裏返すと、学校には自らが自由に考え、取り組んでいく裁量の余地が大幅に残っているということです。

◆率直で丁寧な対話を

　本連載では、このような問題意識から、現代の学校づくりについて、多様な角度から問題を考え、その実践のために時事的な話題も含めて論じることを試みたいと思います。

　具体的には、学校づくりにおいて、経営方針はどのようにあるべきか、経営のポイントや改善点はどのように考えられるか、学校経営において取り組むべき重要課題はなにか、これらについて、以下のトピックなどを議論し、共に考えていきたいと思います。

- 組織経営、家庭や地域との連携のあり方
- 若手の育成、学校における研修のあり方
- 自らの力量形成、リーダーシップ開発のあり方
- 教育改革との向き合い方
- 現代社会の変化や貧困など社会問題への対処の仕方
- そもそも経営とは何か？

　これらは、現代の学校の課題を根本的に考えることとも不可分です。わたし自身が日々、教育について素朴に感じている問題についても、可能な限り検討し議論していきたいと思います。この連載を読み終えるころには、読者の皆さんが自らの言葉や考えで、学校づくりの課題やあり方を理解し、論じられるようになることを期待したいと思います。また、昨今、「アクティブ・ラーニング」「協働」「チーム学校」「コミュニティ・スクール」など多くのキーワードが教育界で流布していますが、それらに無批判に向き合うことが結果としてどのような機能を果たし、問題を生み出すことになるかについても一緒に考えていきたいと思います。

　数日や数か月ではなく、自らの教職生活や今後の十年後の教育界や世界を見越して、様々な角度から丁寧にじっくりと思考していきたいと思います。そして、ここで共に考えた内容をもとに職場の先生方や他校の校長、保護者の方々とも一緒に議論や対話をしてほしいと思います。

　かつて、吉本隆明という思想家が「学校というものが、もっと率直な空気の流れる場所になってくれないものかと思います」と言っていました。学校に漂う「偽の厳粛さ」が日本社会の諸悪の根源であるとまで言っています（吉本隆明『ひきこもれ―ひとりの時間をもつということ』大和書房、2002年、60-65頁）。

　わたしもそのように思います。全てについてプライベートな価値観を曝け出す必要はありませんが、公共空間の場で多少の意見の違いも含めて、教育に関わる人たちがもっと自由にのびのびと語り合ってほしいと思います。本連載がそのきっかけの一つになればと思います。

トラブルの芽を摘む 管理職の直覚 [第1回]

「先生がこわい……」

大阪市立堀江小学校長
中山大嘉俊

　「肩の荷がスッと下りたよ」と退職直後の校長がよく言われます。リスクを避けたい、その芽を少しでも摘みたい、そう願わない管理職はいないでしょう。

　ところで「始めが大事」とよく言われます。新学期、担任と子供は新しいクラスで出会い、つき合い始めたばかりです。この時期にどんな印象を持ち合うかは、後々まで影響します。好感が信頼につながり良循環サイクルが回り出せば、無用なストレスを経験しないで済みます。そういったことから、私は年度当初に、「問題行動には毅然と」という方針とともに、ドロシー・ロー・ノルト博士の「子は親の鏡」を例に、私たちもまた、子供にとって最大の環境であることの理解と言動を教職員に求めるようにしています。

⚡ 「叱る」と「怒る」

　しかし実際には、スタートして1か月も経たないうちに、子供と教員との間でミスマッチが起こり、その溝が次第に大きくなる場合が、往々にしてあります。

　ここでは叱り方を例に考えてみましょう。例えば、教員に余裕がなかったり、指導力が十分でなかったり、冷静になれなかったりした場合に、つい「頭ごなしに」叱るということがあります。さらに子供が「自分の思い通りにならない」ときには「叱る」を通り越して「怒りを爆発させ」声を荒げてしまいがちです。体罰に至ることも考えられます。また、大声でなく反省を促したものの、子供が何も言わないので結果として長時間立たせてしまったという事例もあります。

　このような場合、叱られた内容は心に残らず怒られたという印象だけが強く残り、担任の機嫌を気にしてビクビクする子供が出てきます。さらに、自分でなく同級生が怒られているのを間近に見て、「先生がこわい」と言う子供も出てきます。そして、保護者間でLINEやメールが回っていたりします。

　こうなると保護者から、担任の指導が厳しすぎる、話を聞いてくれない、不公平といった理由で、子供が「学校へ行きたくない」と言っているといった内容の苦情が寄せられます。これらは、子供の感情や言い分が保護者に反映されたものです。裏を返せば、担任が子供受けのよい態度ばかりするといった問題は、同僚からの苦言が多く、保護者からは殆どありません。

⚡ 現状の把握から

　管理職として着任したてか否かでは事情が異なりますが、いずれにしても、このような事態になるとアンガーマネジメントの全体研修をしておけばよかった、4月の目標設定面談時に注意を促しておけばよかったなどと忸怩たる思いに駆られます。ただ一番の鍵は、個々の教職員の勤務等の実状、教職員と子

> **中山校長の目**
> ☐ 「私たちは子供にとって最大の環境である」ことを教職員が理解しているか
> ☐ 管理職が、個々の教職員の実状や教職員同士・子供との関係を把握しているか
> ☐ 校長・教頭とミドルリーダーとの風通しは良いか

供、教職員同士の関係性などの把握と判断にあることは確かです。

若手の場合

若手教員の場合には、指導教員や学年主任、先輩教員も含め多くの目があり、色々な情報が管理職の耳にも入ってきます。「○○先生、どう？」と尋ねるとより多くの情報が得られます。人前で叱りすぎる、子供をきちんとさせなければというプレッシャーが強すぎるといったことです。それらをもとに、管理職が直接指導したり、学年主任やメンターの教員などに声掛けや助言を依頼したりします。指導のポイントとして、

① 「叱る」行為を「してはいけないことをした」と「すべきことをしなかった」に整理させる
② 理由をきちんと説明する、冷静に、子供の言い分を聞くなど望ましい叱り方を具体的に示す
③ 叱っている自分自身やそのときの子供の気持ちを振り返らせる
④ 「先に伝えれば説明、後になったら言い訳」など保護者への伝え方を考えさせる

などがあります。若手教員のその後を見て、よくなった点は認めるようにすることも大切です。

若手以外の場合

若手以外の教員の場合は、周りの気兼ねもあり情報がなかなか入らないことがあります。校長と教頭、ミドルリーダー等との風通しのよさが必要です。

さらに、管理職による全校朝会時や日頃の授業、遠足等での観察が欠かせません。子供と教員との応答などは勿論ですが、例えば、教室に鉛筆やゴミが落ちている、黒板が汚いなど教室環境の変化も要注意です。何かおかしいと感じたらその教員に声をかけることです。そして、叱り方が問題だと感じたらためらわずに指導してミスマッチに気付いてもらうしかありません。教職経験に応じて自負をもっておられるので、そのキャリアに応じた教員としての在り方、若手のモデルとなる役割や立場等の理解を求めることが必要です。親の意識の変化やコンプライアンスの強化、悪循環に陥ってしまった具体的な事例も提示しながら共に考えるようにします。

「まさかと想像もしていないときにトラブルは起こる。意識しているときには、案外起こらないもの」との先輩校長の言葉を思い出します。ありきたりですがリスク管理は日頃の備えと、事が起こってからの迅速で真摯な対応に尽きます。

Profile

なかやま・たかとし　大阪市立小学校に40年間勤務。教頭、総括指導主事等を経て校長に。首席指導主事を挟み現任校は3校目。幼稚園長兼務。大阪教育大学連合教職大学院修了。スクールリーダー研究会所属。

学校を活性化させる
リーダーシップ
［第1回］

情熱ある学校づくり

福岡県宗像市立自由ヶ丘小学校長　猿樂隆司

キャッチフレーズづくりに着手

　昨年4月に3年ぶりに学校に復帰した。「猿樂校長先生、お待ちしていました。よろしくお願いします」と校長室には名前札が置かれ、花が飾られていた。
　学校づくりへの意欲に火が付いた。しかし、「急いては事を仕損じる」である。
　一般に、経営方針の説明は前年度に前校長が行うことが多く、新校長が赴任当初に方針転換すると教職員の多忙感が増すことがある。
　そこで、課題分析に時間をかけつつ、本校ならではの強みを探ることとした。すると、さりげなくコーヒーを入れる、玄関やトイレの入口に花を飾る、時に鼻歌が聞かれるなど、気配りと明るさをもつベテラン層がいた。
　すかさず、キャッチフレーズを思いつき、職員会議で次のように説明した。
　「今年はA・T・Mで行きます。『A』とは『明るく』、『T』とは『楽しく』、『M』とは『前向きに』の略です。子供の前では常に明るく、楽しげに振る舞い、そして出合った問題は常に前向きにポジティブにとらえましょう。」
　加えて、次のように言った。
　「子供のためなら思い切ってやってください。責任は全て私がとります。」
　この言葉を聞いたときの教職員の安堵の表情が印象的であった。

校長の情熱が学校経営を左右する

　無論、キャッチフレーズだけでは教職員は動かない。校長はどんな人物なのか、本気なのかを教職員は常に見ている。情熱をもって学校経営にあたれば、教職員の心に灯りを灯すことができると考え、次の点を心がけた。

---

①使命感・責任感
- 「全ての責任は校長の自分が負う」という覚悟をもつ。自校の教育活動を熟知することを心がけ、全ては子供のためという前向きな職員室の風土をつくることに努める。

②児童・教職員・保護者・地域への愛情
- 全ての子供を幸せにするという思いをもつ。そして、担任が気にかけている「努力を要する子供」の様子を朝の挨拶運動や校内巡視等を通して、変容があれば、すぐに担任や子供本人に知らせる。また、全校朝会の校長講話で子供の成長を話す。
- 教職員への感謝の気持ちと美点凝視の構えをもつ。そして、中休みなどは職員室にいることを心がけ、毎日1回は教職員と言葉をかわし、子供のよさや改善点を伝える。時には付箋に記入し、週案簿に貼付して感謝の気持ちを伝える。
- 保護者に寄り添い、地域に対する誇りと愛情をもつ。PTA運営委員会や学校だよりでは子供の作文を紹介するなどして、成長を支える親の姿に感謝する。また、挨拶運動等のボランティアには積極的に話しかけ、感謝の念を伝えるとともに、学校のよさや課題を聞き、学校改善に努める。

③修養への熱意
- 「足らざる自分を自覚し、自分が変われば、学校が変わる」という信念をもつ。そのために、森信三先生や東井義雄先生などの教育者や松下幸之助氏や稲盛和夫氏などの企業リーダーの理念や取組などを記した書物に目を通すことを心がける。

●さるがく・りゅうじ　平成元年より宗像市立小学校で教職生活をスタート。福岡教育大附属福岡小学校などの学校現場、福岡県教育庁義務教育課主任指導主事など行政経験を経て、平成29年4月より現職。

信念をもった教育目標をつくる

東京都千代田区立麹町中学校長　工藤勇一

教育目標は「世の中まんざらでもない」

　学校にとって、教育目標はどのような生徒を育てていくかを示すもっとも大切なものです。教育目標がお飾りになっているようでは、よい学校など創れるわけはありません。教育目標を定める際に押さえておきたいことは、そもそも何のために学校が必要かということの合意形成を図ることです。学校の究極の目的は民主的で平和な国を創っていくためにあるはずですが、子どもに置き換えれば、将来、社会で豊かに生活していくためのコミュニケーション活動や経済活動の基礎的スキルをしっかりと身に付けていけるようにすることです。麹町中学校ではこのことを原点として、学校の役割を考えていきました。

　本校では「世の中まんざらでもない、大人って結構素敵だ」ということを生徒たちに教えることができるかが、ある意味、本当の教育目標であり、何より最優先にしなければならないことだと常々保護者の皆さんにお伝えしています。

　例えば、大抵の子どもは乳幼児期に安心安全な家庭で守られ、自分を大事にしてくれる環境の中で育ってきます。そんな子どもたちにとって、幼稚園は初めての社会であり、教員は社会にいる大人の象徴です。だから、幼稚園は安心安全な所であって、大人は信頼できるということを最優先に伝えることが必要です。教育やしつけを重視するあまり、幼稚園が怖いところになってしまっては元も子もありません。そこでつまずくと、社会は怖くて信頼できないと思うようになり、成長の妨げとなってしまうのです。当然ですが、その延長線上にある小学校・中学校においても、同様のことだと私は考えます。

中学校の使命は社会への出発点に導くこと

　このことを踏まえて、中学校教育の使命について考えれば、まずは中学校が義務教育の最終段階にあることを押さえておくことが大切です。孔子は、「15にして志し、30にして立つ」と論語に述べられていますが、古くは日本でも15で元服をしました。15歳は社会に出るための始まりであり、社会に向かう起点となる年だと言えます。そうした意味から、中学校においては、生徒自身が社会と関わる自分をイメージできるようになることが重要です。具体的には大人になって自分が仕事をしていく上での自分なりの発想方法や解決の手法、スタイルを見つけていけるようになることだと考えます。

　可能な限り社会を想起できる多様な経験を通して、世の中や物事はどのように構造されていて、どうすれば自分がうまくやれるようになるのか、ということを刻み込んでいく、それが中学校教育の使命なのではないでしょうか。

　このことを見失うことさえしなければ、学校運営上、数多くの解決すべき課題が見えてきます。実際に、私が本校に校長として赴任した4年前、学校の課題を徹底的に洗い出しました。その結果、初年度だけで大小とりまぜて340程度の解決すべき課題が挙がり、教職員全員で取り組んでいくこととしました。目標を共有してこそ課題を解決するための多くの手段が生まれます。課題を解決することを通して組織力が高まり、学校づくりの土台ができてきます。学校づくりを構想する上で、校長には、お仕着せの知・徳・体ではない、教育に対する確かな信念をもった教育目標をつくることが大事なのです。　（談）

●くどう・ゆういち　新宿区教委教育指導課長を経て、2014年4月より現職。学校のソフト・ハード両面から「社会とシームレスな教育環境」の整備を目標に学校改革を進めている。

わたしの好きなこ・と・ば

人間万事塞翁が馬

IT企業役員・お笑い芸人
厚切りジェイソン

アメリカンドリームというイデオロギーはアメリカ文化の基礎の基礎かもしれません。誰でも諦めずに頑張れれば、過去と環境と関係なく桁違いの成功が手に入ります。僕もこれが性格や生き方の基礎となったかもしれません。そのせいでもありますが、高校時代からずっと出世ばっかり考えていました。早く肩書きがほしい。早く権力がほしい。早くお金がほしい。そのような言葉が何年も頭の中にループ再生されていました。

生まれ育ったアメリカはかなりシビアな実力主義なので、年齢に関係なく結果さえあれば機会も必ずあらわれるはずです。しかし言い方を変えると、結果が全てです。いい機会に恵まれるには、他人より優れた結果を出せないといけません。それで、就職活動している学生さんは、履歴書に書かれている自分が具体的に貢献した数字で競い合うため、みんなが必死に履歴書に書ける数字を探しだします。欲深く出世願望の強い私は尚更でした。

実は日本語を勉強し始めたのも、完全にそのような動機でした。周りとどう区別できるかの質問に対する答えの一つにすぎませんでした。一つの言語よりも、二つの言語の方が、ますますグローバルになっていく世界で活躍しやすくなるに違いないと思いました。そしてコンピューターサイエンスを勉強していた私は技術大国ニッポンの日本語を選びました。もちろん「日本語を勉強しました」と履歴書に書いてもかなり弱いので、実際に日本語を活かせる経験を探しだしました。

●Profile●

あつぎり・じぇいそん　17歳でミシガン州立大学へ飛び級入学。イリノイ大学アーバナ・シャンペーン校エンジニアリング学部コンピューターサイエンス学科修士課程修了。2011年には外資系企業の日本法人社長として来日し、現在はテラスカイのグローバルアライアンス部長として活動中。

　ある日ちょうどいいものをネット掲示板に見つけました。音声認識ソフトウェアを研究するため、アメリカ英語が母国語のコンピューターサイエンスを専門にしている現役学生を募集中ですと書いてありました。これならなかなかいい履歴書が書けるだろう！　と思い、即応募しました。数日後、運命の返事をいただきました。この研究で初めて日本に来ることになり、初めて日本人と日本文化に深く触れ合うことにもなりました。当時はもちろん知りませんでしたが、その運命の返事をくれた人は2年以内に妻となります。

　研究所で指導してくれた上司は関西の方で、よくお互いに笑わせようとしていて、すぐ仲良くなりました。この上司と飲んでいたときに彼が「人間万事塞翁が馬」の話をしました。いいこともあれば悪いこともあります。いいと思うことは実はよくないことに繋がるかもしれないし、悪いと思うことも実はいいことに展開するかもしれません。やってみるまで人生はどうなるかは分かりません。こうやってこの上司と仲良くなったのも、妻と出会ったのも、（もっと長い目で見ると芸人になれたのも）たまたま出世のため、日本語ができると履歴書に書きたかったからです。出世ばっかり考えていたときから価値観がだいぶ変わったと思いますが、人生を振り返ると必ず「人間万事塞翁が馬」と、その話をしてくれた上司が頭に浮かびます。人生はどうなるか分からないものです。面白いですね。

●好評発売中

猫CEO
トム・ファンダー／著
厚切りジェイソン／翻訳
定価：1,296円（税込）
発行：飛鳥新社

教育長インタビュー
次代を創る
リーダーの戦略
[第1回]

山本　譲 氏
大垣市教育長

「ふるさと大垣科」を中心に
郷土を愛するグローバル人材の育成目指す

　古くから主要街道の要衝として栄え、松尾芭蕉による『奥の細道』の「むすびの地」としても知られる大垣市。経済・文化とともに、江戸期より学問が重視され、多くの学者も輩出してきた。同市では、この伝統や風土を生かし、現在、市独自の教科「ふるさと大垣科」を中心に、郷土愛をもった国際人を育てる取組が進行中だ。教委・学校・保護者・地域社会が一体となって取り組む"大垣教育"の今を、山本譲教育長に聞いた。

「学力向上」と「共生」が柱

——市の重点施策は。

　大垣市では、「未来に夢と希望をもち、今をひたむきに生きる子どもの育成の実現」を掲げ、平成31年度までの5年間にわたる教育振興基本計画に基づいた施策を展開中です。

　その施策の中心といえるものは、第1に、「すべての子どもの学力向上」です。現在、各学校に「学力向上担当者」を校務分掌として置いています。各学校が目指す目標の設定や実践、評価、改善といったマネジメントを行う、いわば「カリキュラム・マネジャー」としての存在です。この「学力向上担当者」を対象に、指導体制のあり方や学習集団のつくり方などといった実践的な研修を行い、各学校で共通して実践してもらうことで学力の底上げを図っています。

　また、学校独自のプランを提案してもらい、予算配当する取組も行っています。例えば、有償ボランティアの活用による放課後学習や、ICT充実のための人材確保など、学校の求めに応じた支援を行っているわけです。

　このように、全ての学校が共通して取り組む実践と、学校の特色を生かした支援によって、市としての学力保証や各学校の取組の充実を目指しています。

　第2は、「共生の時代を生きる豊かな心と健やかな体をはぐくむ教育の推進」が挙げられます。

　これはグローバル社会を踏まえ、英語教育の充実やふるさと学習の拡充を目指すものです。グローバル化は海外に出て行くことだけではなく、国内・地方にもその波はやってきています。そこで、日本人としてのアイデンティティをもった国際人を育てるために、自分自身の思いを伝える実践的な英語力の育成や、ふるさとを理解する学習を重視しています。

独自教科「ふるさと大垣科」を中心に国際人を育てる

——「ふるさと大垣科」はどんな教科ですか。

　「ふるさと大垣科」は、本市独自の正規教科として各学校が共通して取り組む学習で、平成27年に創設しました。小学1年生から中学3年生までが月1回土曜日を中心に全市一斉に取り組む授業で、各学年、年間15時間程度行っています。

　内容は、「俳句・文学分野」と「ふるさと分野」から構成されており、「俳句・文学分野」では、松尾芭蕉の『奥の細道』の「むすびの地」としての本市の特色を生かし、俳句の体験などに取り組みます。小学1年生では「はいくかるたあそび」、小学6年生では「はいくえっせい」、中学3年生では「連句をたのしもう」といった学習活動が展開されます。「ふるさと分野」では、小学3年生の「ふるさと体験」から始まり、中学3年生では「未来のふるさと大垣」と題した学習活動に取り組み、その成果を市議会で発表するといった試みを行っており、これは「ふるさと夢議会」と名付けて実施しています。

——教科書も作成されました。

　「ふるさと大垣科」に取り組むに当たり、平成27年に3年の歳月をかけてテキストが出来上がり

● 教育長インタビュー ●

ました。本市では、様々な教育活動を地域からの多くの協力を得て進めていますが、このテキストも、大垣市文教協会によって作成されたものです。

——文教協会とは。

大垣市文教協会は、市内の企業家や有識者、小中学校の教職員、保護者などで構成される教育支援団体で、特に、教育内容に関わって学校支援を行うことが特色となっています。教材の開発・普及、教員研修など多彩な活動に取り組んでおり、「ふるさと大垣科」のテキスト作成も、設立50周年の記念事業として取り組まれました。このように、企業も含めた地域の方々と教職員、教育委員会が一体となって教育を進めていくところに本市の大きな特色があると思っています。これは、学問を好んだ大垣藩の伝統や明治期に博士を輩出した「文教のまち」としての風土が受け継がれていることが大きな要因となっています。こうした伝統や風土を生かし、ふるさとを愛しグローバル社会に生きていく子どもたちを育てたいというのが本市の教育の基本理念なのです。

——英語教育にも力を入れています。

英語教育については、昨年度から、小学3年生から6年生まで週2時間の授業を行うこととしています。週1時間45分の授業と15分のモジュールを週3回位置付け、できるだけ毎日英語に親しめるように週時程を組んでいます。45分授業では、英語が堪能な地域の方を「英語地域人材講師」として招き、担任とTTで授業を行っています。15分のモジュールではデジタル教材による10分間の英語学習に加え、5分間のコミュニケーション体験を行います。英語教育の充実のために、新年度からは教師が自分のペースで研修を行えるよう民間の語学教室での研修を可能としました。

子どもができるだけ多く英語に親しみ、自ら英語で語れるような環境をつくり、教師にもできるだけ負担なく指導力を高められるようにしたいと考えています。

教師のやりがいにつながる働き方改革を目指す

——大垣市の働き方改革は。

本市では平成30年度から「学校における働き方改革プラン」を実施します。教師の多忙化解消とともに教師一人一人がやりがいをもって職務に取り組んでいける環境整備に取り組むこととしています。例えば、8月13日から17日を学校閉庁日としたり、毎週水曜日をリフレッシュデーとして最終退校時刻を小学校18時、中学校19時とします。また、指導案や教材等の共有化、市教委と県教委

ふるさと大垣科の内容構成

学年	俳　　句	文　　学	ふるさと
小1	はいくかるたあそび	むかしばなしを知ろう	
小2	あいうえおはいく	ふるさとの作家の絵本を読もう	
小3	季節の言葉で5・7・5	大垣の偉人物語	ふるさとたんけん
小4	うれしいな俳句	大垣が舞台になった近現代史	水辺の生き物
小5	句会をたのしもう		水の都大垣
小6	はいくえっせい		わがふるさと自慢（選択）
			やさしいふるさとに（選択）
中1	カメラでパチッと	大垣が舞台になった古典文学	ふるさと大垣再発見
中2	歳時記を生かそう	大垣と俳句	大垣ものづくり自慢
中3	連句をたのしもう	大垣出身の作家	未来のふるさと大垣

の合同による指導主事訪問等の効率化、学校支援ボランティアの活用による指導体制の拡充、部活動の適正化などに取り組みます。

学校ごとでは、実施が難しかったり、保護者・地域からの理解も十分には得られにくいこともあるため、市教委として働き方のガイドラインを示すことによって、学校現場を支援したり、保護者・地域の協力を得られるよう条件整備を図ることとしました。十分な改革となるかは分かりませんが、一つ一つを見直しながら、質を落とさずに改善していけるよう少しずつでも取り組んでいこうと思っています。

「子どもが生き生きと学ぶ学校」を

──座右の銘を。

「倶学倶進」です。共に学び共に進むという意味ですが、教育に携わる者として、まず子どもに学び寄り添う姿勢が大事だと考えています。子どもの成長を見届けながら、確かな成長を促すことができているかといった観点から、自分自身のありようや関わり方を振り返り、指導していくことを心がけています。これは学校現場にいたころからの私の考えです。これをもとに確かな施策を打っていくことが私の責務だと考えています。

──教育委員会としての役割は。

グローバル化、少子高齢化、情報化といったこれからの社会のありようを踏まえ、子どもたちが自分の頭で考え、自立した個人として生きていく力、協働して問題を解決していく力を身に付けさせることは、われわれ教育行政の課題でもあると

思っています。そのためには、家庭・地域からの信頼と理解が必要です。本市では学校選択制との兼ね合いや、「おらが学校」という地域の強い意識に基づいた協力体制もあるので、地域とのこれまでの強い絆を生かし、大垣ならではの教育に取り組んでいきたいと考えています。

──今後の抱負を。

「子供が生き生きと学ぶ学校」を実現していきたい。そのためには、現場の教師がやりがいをもって職務に取り組める環境をつくることが必要です。働き方改革や大垣のよさを生かした教育を進めることで、子どもと教師が生き生きと学ぶ学校づくりに取り組んでいきたいと思っています。

（取材／本誌　萩原和夫）

Profile

やまもと・ゆずる　昭和25年生まれ。昭和49年学校組合立今尾中学校教諭として教師生活をスタート。県内の中学校教諭、教頭、岐阜県教育委員会教職員課総括課長補佐等を歴任し、平成13年大野町立大野小学校長。その後、岐阜教育事務所長、県教委義務教育総括監等を経て、21年大垣市立東中学校長に。23年3月に定年退職後、岐阜大学大学院特任教授、24年12月より現職。2期目。

ルポ・社会に開かれた教育課程　[case 1]

"茶どころ"で創り出す多彩な体験活動
地域ぐるみの学校支援を伝統に

静岡県牧之原市菊川市学校組合立牧之原中学校

全校生徒がお茶淹れ体験

　牧之原中学校の昼休み、校舎の一角に設えられた"カフェ"では3人の男子生徒が栄養教諭の指導でお茶を淹れていた。生徒たちが学校茶園で摘んだお茶だ。熱湯を冷まし、回し注ぎをしてお茶を注ぐ。3人が代わる代わるお茶を淹れる練習に勤しんでいた。ほかの生徒たちも三々五々集まってくる。この日は永田初穂校長も混じって、男子生徒が淹れたお茶を楽しんでいた。

　事務職員に振る舞うお茶を運ぶ男子生徒に、お茶の摘み方を聞くと、「一芯二葉です」と明快な答えが返ってきた。お茶づくりの苦労を尋ねると、「つる取りや施肥ですね。虫が多くて……」と笑顔を見せてくれた。牧之原中学校の生徒は総じて控えめで穏やかな様子が印象的だ。

　この"お茶カフェ"は、お茶の行事が一段落する6月から3月まで、全校生徒がお茶を淹れる体験をする、昨年から始まった取組だ。同校では、1年間、地域の人々とともに、お茶と接しながら様々な体験活動を行っている。

1年を通してお茶に関わる多彩な体験活動

　牧之原中学校は、大井川を眼下に見、遠く富士山を眺望する台地牧ノ原に立つ。お茶の産地としての特色を生かし、1年を通した体験活動に取り組んでいる。約625㎡の学校茶園は、開校当時からお茶に関わる体験活動を支える拠点だ。

　5月上旬までのちょうど八十八夜のころ、茶娘・茶息子の衣装を

栄養教諭の指導で全校生徒がお茶淹れ体験

お茶を飲みながら語らう"お茶カフェ"

[ルポ] 社会に開かれた教育課程
● case 1 ●

茶娘・茶息子の衣装で茶摘み

袋詰め作業

牧之原中オリジナル新茶

JAに運ばれ荒茶に。まもなくして長年協力してくれている茶農家で丁寧に製茶をしてもらう。摘んだ200kgの茶葉は乾燥などを経て30kg程度の新茶になる。

中旬、製茶が完成すると今度は袋詰め作業。生徒が手分けをし、10gの配布用と50gの販売用に分けて新茶を袋に詰める。オリジナルのラベルを貼ると、牧之原中特製新茶の完成だ。

袋詰めを終えるとすぐに3年生が修学旅行に出発。旅行先では、お世話になるホテルの人たちや、道案内などで親切にしてくれた人、外国人観光客との交流などの折に10gのお礼を渡す。

下旬は、サービスエリアでの呈茶とお茶販売。茶娘・茶息子の衣装を着て、観光客などに新茶を振る舞い、説明をし、販売をする。50gの新茶は200袋が数時間で完

身に着けた生徒たちを中心に新茶の手摘みを行う。茶摘みは隣接する保育園・小学校の子どもたちと一緒になって全校生徒が参加する一大イベントで、見学者も多く訪れる。茶娘・茶息子の衣装を着られるのは3年生の生徒のみ。年少の子どもたちには憧れの晴れ姿だ。

朝一番に摘まれた茶葉はすぐに給食調理場へ。お茶の天ぷらとなってその日の給食として提供される。

茶摘み当日、飲み茶用の茶葉は

サービスエリアで販売体験

牧之原中学校のお茶に関する活動の年間計画

月	日	内容	
4	上旬	＊報道機関・市広報・JA（荒茶加工）・茶園農家（製茶加工）・菊川市茶業協会（すげ笠借用）牧之原SA業者への連絡、借用、依頼	年間を通じて、給食でお茶に関するメニューの提供（お茶入りはんぺん等）
	中旬	＊施肥、草取り（環境委員会） ＊茶娘、茶息子の衣装合わせ（生徒、学校職員） ＊茶袋等販売用機材等準備（お茶担当） ＊保育園、小学校への連絡（教頭） ＊PTA茶園管理部との打合せ（お茶担当）	
5	お茶摘み前日	＊準備：区画テープ張り、開閉式リハーサル（環境委員会）	
	お茶摘み当日〜〜中旬	＊開閉式（環境委員会）→お茶摘み→給食時お茶天ぷら提供 ＊JA荒茶加工工場へ運搬（学校職員） ＊茶園農家製茶加工工場へ運搬（お茶担当） ＊お茶袋詰め（3年生徒、栄養教諭、学校職員） ＊修学旅行：お世話になった人への一煎茶配布（3年生徒、3年職員）	
	下旬日曜	＊牧之原SAでの呈茶、お茶販売（3年生徒、学校職員）	
6	上旬	＊お茶会（給食委員会、全校生徒、職員、学校評議員、お茶インストラクター）	
	中旬以降	＊静岡空港での演奏会、呈茶、お茶販売（吹奏楽部生徒、学校職員） ○除草、農薬散布（PTA茶園管理部） ○台切り、すそ刈り（PTA茶園管理部）【4年に1回】	
7		＊施肥、除草（環境委員会、3年）	
8		○農薬散布、茶園ならし（PTA茶園管理部）	
9		＊施肥、除草（環境委員会、2年）	
10			
11		○除草、農薬散布、茶園ならし（PTA茶園管理部）	
12			
1		＊茶娘、茶息子衣装確認	
2	上旬	＊施肥（環境委員会、2年） ＊茶袋発注（お茶担当）	
3		＊牧之原SA業者、JA、茶園農家へ次年度計画の連絡	

○はPTA茶園管理部の作業（年度により、作業内容や作業時期に変更あり）

売するという。売上げは、衣装の補填や肥料の購入などに充てられる。

6月上旬には、PTA、学校評議員など保護者・地域の人々を招いてのお茶会が催される。お茶インストラクターによるお茶の淹れ方の実演や指導の後、お茶菓子とともにお茶を味わうなど、生徒・教職員・保護者・地域の人々が一緒になって"学園茶"を愉しみ、交流を深める場となっている。

6月までの大忙しの3か月が終わると、施肥や除草、PTAによる農薬散布など、翌年のお茶づくりに向けたメンテナンスを年度末にかけて行っていく。3学期になると、衣装の確認、茶袋の発注、JAや茶農家などとの打合せなど、次年度の茶摘みに向けた準備が行われていく。

このほか、6月からは全校生徒が輪番で行うお茶の淹れ方体験、給食では静岡名物黒はんぺんをお茶を混ぜ込んだ衣で揚げた「黒はんぺんのお茶フライ」の提供など、牧之原中学校の生徒たちは1年を通してお茶と関わっていく。生産活動、交流活動、表現活動など、お茶を介して様々な体験を積んでいくのが同校の取組の特色だ。

「お茶どころだからこそ、お茶のことを一通り知ってもらいたい。地域の特色を知って、地域のよさを感じてほしいと思っています」と永田校長は言う。

地域ぐるみの学校支援

こうした活動を支えているのが保護者や地域の人々だ。

同校のPTAには「茶園管理部」がある。近隣の学校にもない特別の委員会という。茶農家が中心となり、機械による手入れ、除草や農薬散布などを行っている。

JAは摘んだお茶を荒茶にするだけでなく、お茶の生育状況や気候などを見てお茶摘みのタイミングを助言してくれたり、施肥の計画を立ててくれたりしている。

代々続くある茶農家は、「摘んだお茶をいい飲み茶にするのが（茶園農家としての）勝負」と、無報

[ルポ] 社会に開かれた教育課程
● case 1 ●
"茶どころ"で創り出す多彩な体験活動

地域の人たちを招いてお茶会

お茶メーカーを訪問

翌年の収穫への準備を行うつる取りや施肥

酬で製茶を行ってくれている。永田校長が教諭として同校に勤めていたころからの協力者だ。

このように地域を挙げた支援者たちによって、牧之原中学校の活動は続けられているのである。

学校でも、生徒たちの地域活動への参加に積極的だ。

地域の祭りや運動会には、部活動を休みにしたり、研究発表会での生徒らによるお茶サービスの実施、牧之原市の成人式での記念品

（急須）プレゼンターとしての参加など、積極的に地域や様々な立場の人たちと関わる活動を進めている。

こうした成果か、昨年の研究発表会では、「生徒同士の言葉掛けが柔かい」「できない子が回りに積極的に聞けている」「自分の考えを書くのが得意な生徒が多い」といった参加者の声が聞かれた。

「生徒に落ち着きがあり、他人を思いやる気持ちが育ってきていると思います」と永田校長は言う。

学校と地域社会の思いを共有

なぜ、牧之原中学校は学区を挙げての支援や協力を受けられているのか。永田校長は言う。

「本校の学区は、行政区を越えた台地の上にあります。町なかの学校とは立地が違いますし、だからこそ"おらが学校"という意識が

強い。地域を挙げて学校を守り、次代を担う子どもを育てたいという思いがあるんです」

同校の教育目標は「たくましく未来を拓く牧中生」。そこには、未来に向かう子どもの育成とともに、郷土を大切に思う心の育成も含まれているという。

「自分たちの世界を広げ活躍するとともに、将来、この学校・地域を盛り立ててほしい。それは学校も地域も同じ思いであるし、一つの共通目標となっていると思っています」

新学習指導要領の移行期に入った今年度、牧之原中学校では、お茶に関する活動と教科などとの関連も踏まえた研究を進めていくという。開校以来のお茶に関する活動を生かし、地域と共にどのような資質・能力を育てていくのか、同校の新たな試みが始まっている。

（取材／編集部）

永田初穂校長

第1回 もう一度「子どもが学ぶ」ということをしっかりと考えてみる

アクティブ・ラーニングから「主体的・対話的で深い学び」へ

「これでいいのだ」で本当にいいのか

　この連載は、「主体的・対話的で深い学び」というフレーズに集約される新学習指導要領が求める学びについて、もう一度しっかりと考えてみようというモチーフで企画されました。というのも、公表当時は少なからず衝撃的であったと思われる「主体的・対話的で深い学び」ですが、わずか1年ほどで多くの人がわかったような物言いをし、しかも当の授業はほとんど変わっていないという、実にまずい状況が現出しているからです。

　日本の学校現場は、今回も「天才バカボン」よろしく「これでいいのだ」を通す気なのでしょうか。今回の改訂にいくらかでも関わった者として、このまま全面実施を迎えるわけにはとてもいかないとの切実な思いが、私にはあります。

　最大の問題は、「主体的・対話的で深い学び」という概念を浅い水準でとらえ、実践化しようとしていることでしょう。原理的な刷新が求められているのに、部分的な修正や手練手管の入れ替えで何とかなるという、とんでもない思い違いをしているのです。

　そもそも、「主体的・対話的で深い学び」とは、「子どもがどう学ぶか」あるいは「子どもがどのような質の学びを成し遂げるか」を問う概念です。したがって、そこから「教師がどう教えるか」「教師が何をどうすればいいか」が直截に、また一意に導けるようなものではありません。

　学習とは子どもの側に生じる心理学的な現象であって、教師が何をするかとは一応独立なのです。もちろん、少しでも質の高い学習を生じさせようと、教師は日々工夫を凝らすわけですが、それが思惑通りに奏功するかどうかは、教師が行う教授という行為それ自体ではなく、子どもの側に生じる学習という現象の心理学的なメカニズムに大きく依存しています。

　ところが、先生たちはすぐに「これからは主体的・対話的で深い学びなんですよね。すると、私たちは何をどうすればいいんですか」と聞いてきます。しかし、「主体的・対話的で深い学び」という学習の状態を生み出すのに教師が成し得ることは星の数ほどもありますから、このような問いには原理的に答えようがありません。

　とは言え、何も答えないのも失礼ですし、本人も真剣に困っている様子なので、なんとかしてあげたいと、つい思ってしまいます。そこで、やむなく「たとえば」と前置きし、膨大な成し得ることの候補の中から任意の一つを選んで例示するのですが、すると、例示した一つの方法を唯一絶対の「正解」と誤認し、それをしさえすれば万事う

上智大学教授　奈須正裕

まくいくなどと思い違いをします。さらには、それを教わった通りの形で実行しないと、決してうまくいかないかのように思い込む人もいて、実に始末が悪いのです。理由ははっきりしていて、そもそも教育の方法とは、そのようなものではありません。

さらには、出版社の思惑なのか研究者本人の意図なのか知りませんが、「これ１冊で完璧、アクティブ・ラーニングの授業づくり」みたいな本をこれみよがしに出す人たちもいて、先生たちは「藁にもすがる思い」でそれらを掴むのですが、所詮はすべて藁なので、長期的に見れば徒労に終わるのは目に見えています。

何も、そういった本に書いてある事柄のいちいちが間違っているなどというつもりは毛頭ありません。そうではなく、教育の方法を個別具体的な手順や形態や道具立ての水準だけで理解し、実践しようとすることに原理的な問題があるのです。個々の手立てが奏功するにせよ、しないにせよ、それを左右している子どもの学習という現象、その背後にある心理学的なメカニズムについて、もっと思いを馳せるべきだと思うのです。

そこでこの連載では、「主体的・対話的で深い学び」とはどのような質の学びであるかについて、そもそも人間の学習とはどのようなものかという原点にまで遡って考えたいと思います。さらにそこからの積み上げの中で、資質・能力、つまり知識やスキルや態度・価値について、それらがどのような状態として子どもに身に付いていることが求められているのかを、丁寧に整理してみたいと思うのです。

はじまりは大学教育改革だった

というわけで、まずは言葉の出自から話を始めましょう。「主体的・対話的で深い学び」という概念は、今回の学習指導要領改訂の作業の中から生まれました。当初は「アクティブ・ラーニング」という言葉で議論されていたものが、ある時期から「主体的・対話的で深い学び」という表現に改められていったのです。

アクティブ・ラーニングという言葉は、2012年８月28日の中央教育審議会答申「新たな未来を築くための大学教育の質的転換に向けて」における以下のような記述を契機として、広く用いられるようになりました。

「生涯にわたって学び続ける力、主体的に考える力を持った人材は、学生からみて受動的な教育の場では育成することができない。従来のような知識の伝達・注入を中心とした授業から、教員と学生が意思疎通を図りつつ、一緒になって切磋琢磨

■アクティブ・ラーニングから「主体的・対話的で深い学び」へ

し、相互に刺激を与えながら知的に成長する場を創り、学生が主体的に問題を発見し解を見いだしていく能動的学修（アクティブ・ラーニング）への転換が必要である。すなわち個々の学生の認知的、倫理的、社会的能力を引き出し、それを鍛えるディスカッションやディベートといった双方向の講義、演習、実験、実習や実技等を中心とした授業への転換によって、学生の主体的な学修を促す質の高い学士課程教育を進めることが求められる」（9頁）

　残念ながら、我が国の大学教育では一斉講義型の授業が主流でした。しかし、それでは「生涯にわたって学び続ける力、主体的に考える力を持った人材」の育成は不可能です。ここから教育方法の刷新が求められ、文中に例示されているような多様な方法が推奨されたのですが、それらを集約的に表現した言葉がアクティブ・ラーニングだったのです。

なぜ、学習指導要領では「アクティブ・ラーニング」が用いられなかったのか

　大学教育改革の文脈で用いられていたアクティブ・ラーニングが初等・中等教育でも頻繁に話題に上るようになったのには、2014年11月20日の中央教育審議会への大臣諮問「初等中等教育における教育課程の基準等の在り方について」で使われたことが大きいでしょう。その理由なのですが、大臣諮問では過去に法令や政策文書で用例のある言葉を用いる必要があります。ところが、残念ながら初等・中等教育では適切な表現が見当たらず、いわば次善の策としてアクティブ・ラーニングに白羽の矢が立ったのです。したがって、当時においてすでにこの表現が最適であるとはあまり考えられておらず、関係者の間では、いずれは別の表現に変えることが当初から検討されていました。

　個人的には先の記述にもある通り、「ディスカッションやディベートといった双方向の講義、演習、実験、実習や実技等を中心とした授業への転換」と、方法や形態を具体的に例示しており、極端には「アクティブ・ラーニングとはディベートをすること」といった誤解を生じかねないことが心配でした。また、受講者全員が顔を合わせるのは週1回からせいぜい2回が原則の大学の授業と、毎日教室で生活を共にしながら学ぶ小学校とでは、自ずから授業の工夫のあり方もすっかり違ってくるはずです。

　そして実際、2年間の議論を経て、「アクティブ・ラーニング」は「主体的・対話的で深い学び」へと再概念化されていきます。この点について、2016年12月21日の中央教育審議会答申「幼稚園、小学校、中学校、高等学校及び特別支援学校

第1回 もう一度「子どもが学ぶ」ということをしっかりと考えてみる

の学習指導要領等の改善及び必要な方策等について」は、「諮問において提示された『アクティブ・ラーニング』については、子供たちの『主体的・対話的で深い学び』を実現するために共有すべき授業改善の視点として、その位置付けを明確にすることとした」と説明しています（48頁）。

学習指導要領でアクティブ・ラーニングという表現が用いられなかったことを巡っては様々な憶測が飛び交い、「答申からのわずかな時間で文部科学省が方針を変えた」といった声さえ聞かれましたが、まったくの誤解でしょう。答申の時点で、すでに「アクティブ・ラーニングの視点」となっており、さらに「主体的・対話的で深い学び」と言い換えられていました。そして、「主体的・対話的で深い学び」は、新学習指導要領の各教科等において、「指導計画の作成と内容の取扱い」の筆頭項目の中でしっかりと言及されています。

それでもアクティブ・ラーニングという表現が答申の随所に出てくるのは、答申が大臣諮問への回答であり、諮問で問われていることには逐一答える必要があるからです。

また、「学習指導要領ではカタカナ表記は使えないから」というのも誤解で、現に「カリキュラム・マネジメント」はそのまま用いられています。

つまり、初等・中等教育はアクティブ・ラーニングという表現をすでに必ずしも必要とはしていないのですが、それは方針の転換などではなく、アクティブ・ラーニングという表現を足場に「主体的・対話的で深い学び」という、より適切で豊かな概念の創出に成功したからなのです。

なす・まさひろ 1961年徳島県生まれ。徳島大学教育学部卒、東京学芸大学大学院、東京大学大学院修了。神奈川大学助教授、国立教育研究所室長、立教大学教授などを経て現職。中央教育審議会初等中等教育分科会総則・評価特別部会委員。主著書に『子どもと創る授業』『教科の本質から迫るコンピテンシー・ベイスの授業づくり』など。編著に『新しい学びの潮流』など。近著『「資質・能力」と学びのメカニズム』が刊行中。

[第1回] 授業力を鍛える新十二条

これからの授業づくりのあり方
第一条：資質・能力ベイスの授業づくりの三つの視点

新学習指導要領が目指す資質・能力ベイスの授業を創るためには、単元づくりを支える「勘どころ」、教材研究の「知恵」、そして授業コントロールの「技（わざ）」という視点から、改めて教師が授業力を磨くことが期待されている。

授業改革の扉を開ける
授業力を鍛える三つの視点

　小中学校の新学習指導要領が告示されて1年が経過し、この4月からは移行期間に入った。いよいよ資質・能力ベイスでのカリキュラム編成を確実に推進していくとともに、日々の授業実践においても新学習指導要領に即してその改善を積極的に進めていくことが期待されている。今回の改訂に基づく授業づくりが目指すことは、授業実践で大切な普遍的な視点である「主体的・対話的で深い学び」の実現である。これは、これまでとは全く異なる指導方法を導入することを求めているのではなく、三つの柱で示された資質・能力をはぐくむために三つの学びの側面から改めて授業を丁寧に創ることを意味しているが、教科指導の質を向上させることを主眼とした「深い学び」等の実現に向けて、単元や題材など内容や時間のまとまりを見通したカリキュラム・マネジメントの質的転換に努めることが期待されている。

　新学習指導要領の主旨実現に向けて、いかに資質・能力ベイスの単元デザインや題材構成を行うか（単元づくりを支える〈勘どころ〉）、「見方・考え方」を働かせる学びの文脈をいかに描くか（教材研究の〈知恵〉）、そして三つの柱の資質・能力の育成を図る明示的指導をいかに進めるか（授業コントロールの〈技〉）という三つの視点から授業づくりの省察を行い、これまで伝統的に培われてきた授業づくりのよさを継承しつつも、資質・能力ベイスの授業に期待されていることを明確にして、大胆かつ繊細に授業づくりの新しい時代の扉を開ける準備をしていきたい。

単元づくりを支える〈勘どころ〉

　新学習指導要領では育成すべき資質・能力を、学校教育法第30条2項（中学校および高等学校は準用）に沿って「知識及び技能」「思考力、判断力、表現力等」「学びに向かう力、人間性等」の三つの柱で整理し、特に「思考力、判断力、表現力等」については、学年ごとに教科内容にグレーディングして位置付けており、そこからは「見方・考え方」の成長の様子を読み取ることができる。まずは、この資質・能力ベイスで示された新しいゴールへ向けて、いかに単元デザインや題材構成をしていくのかを理解し、それを具体的にイメージすることができるかが肝心である。これがこれからの授業づくりを可能にするか否かを決めることになる。

　例えば、新学習指導要領の小学校算数の図形の内容（2年から5年の思考力、判断力、表現力等）では、次のように示されている。

> 2年　図形を構成する要素に着目し、構成の仕方を考えるとともに、身の回りのものの形を図形として捉えること。
>
> 3年　図形を構成する要素に着目し、構成の仕方を考えるとともに、図形の性質を見いだし、身の回りのものの形を図形として捉えること。

高知県教育委員会事務局学力向上総括専門官
齊藤一弥

4年　図形を構成する要素及びそれらの位置関係に着目し、構成の仕方を考察し図形の性質を見いだすとともに、その性質を基に既習の図形を捉え直すこと。

5年　図形を構成する要素及び図形間の関係に着目し、構成の仕方を考察したり、図形の性質を見いだし、その性質を筋道を立てて考え説明したりすること。

学年が進むにつれて、図形という対象への着眼点は「構成要素」から「構成要素の位置関係」、さらには「図形間の関係」に広がり、アプローチの仕方も「身の回りのものの形を図形として捉える」から「性質を見いだすこと」、さらに「性質を筋道立てて考え説明すること」に深まっていくことがわかる。

下図は3年の「三角形と角」導入の最終板書である。円の2本の直径を組み合わせることでできる三角形の構成要素（辺の長さ）に着目することで三角形の構成について考えることに加えて、二等辺三角形や正三角形の性質を見いだしていこうとしている。このように日々の教科指導で見方・考え方を着実に鍛えていくためには、これまでのカリキュラムを資質・能力ベイスで見直す必要がある。

教科の特質を踏まえて領域や学年、小中接続など校種間までを意識した内容や方法の系統や段階、関連等を吟味・分析した上で新カリキュラムを描く〈勘どころ〉をもつことが大切であり、単元づくりにおいては、「どのような単元や題材を描くのか」ではなく、「なぜ単元や題材を描き変えなければいけないか」を問うことが大切になる。

教材研究の〈知恵〉

今回の改訂では、深い学びづくりの鍵として「見方・考え方」を働かせることが重要とされている。

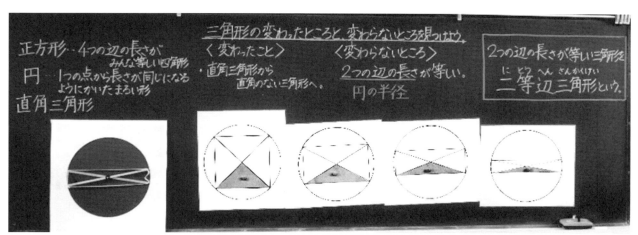

山形県山形市立第三小学校　沼澤香代子教諭実践

授業力を鍛える新十二条

●これからの授業づくりのあり方

「見方・考え方」とは、教科等の特質に応じてどのような視点で物事を捉え、どのような考え方で思考していくのかという物事を捉える視点や考え方のことである。また、この「見方・考え方」が、習得・活用・探究という学びの過程の中で働くことを通じて、三つの柱の資質・能力がさらに伸ばされたり、新たな資質・能力が育まれたりし、それによって「見方・考え方」がさらに豊かなものに成長していくという関係にもなっている。

例えば、算数科・数学科においては、事象を数量や図形およびそれらの関係などに着目して捉え、論理的、統合的・発展的に考えることとされているが、対象として何に着眼して、その対象に対してどのようにアプローチするかという教科ならではの関わり方を読み取ることができる。この教科ならではの着眼すべき対象やその内容、対象へのアプローチの仕方などを念頭におくことで、深い学びを意識した授業をデザインしやすくなると同時に、教科を学習する本質的な意義を確認することもできる。つまり、「見方・考え方」を基軸に据えた授業づくりを進めることにより、指導者にとっては「見方・考え方」を意識することで指導が一貫したものになり、また、授業を受ける側の子どもにとっても学び進む方向がはっきりしたものになる。

個別の授業においては、それぞれ違う対象、内容を別々に扱っているわけだが、子どもにとって学びの対象である「問い」に連続性や関連性が見えて、大切な概念、観点が理解できるようになるとともに汎用性のある思考方法、表現方法を活用できるようになり、また、そのような学習の連続の中で知識や技能もばらばらのものではなく、関連したもの、統合されたものとして認識されるようになり、確かな概念へと高まっていくことが期待できる。先の図形の指導では、これまでの学習と同様に繰り返して構成要素に着目して「変わるところ（図形の形状）」と「変わらないところ（辺の等長関係）」を確認することで、図形の性質を見いだすとともにその特徴を的確に表現することを可能にしている。

「見方・考え方」を意識した授業に取り組むことによって、これまでの内容ベースでの学力はもとより、資質・能力ベイスが重視している「思考力、判断力、表現力等」や「学びに向かう力、人間性等」などの学力もより確かなものになっていくと考えられる。目標設定とその評価における三つの柱の資質・能力と具体的な授業デザインにおける「見方・考え方」が、互いに支え合う互恵的な関係にあることを踏まえて、教材研究を深める〈知恵〉を鍛えながら新たな授業づくりに挑戦していくようにしたい。

授業コントロールの〈技〉

「見方・考え方」は、今回の改訂によって新しく登場したものではなく、これまでも教科の本質を追究する実践においては重視されてきたことであるが、内容ベースの教育課程においてはそれを位置付けることは少なく、授業で意図的・計画的な文脈の生起に支えられた丁寧な指導への関心も低かった。「見方・考え方」は教科指導の土台を支えるものであり、教科の本質を確実に学び進むために不可欠なことで

● Profile ●

さいとう・かずや　東京都出身。横浜国立大学大学院教育学研究科修了。横浜市教育委員会授業改善支援課首席指導主事、指導部指導主事室長として「横浜版学習指導要領」策定、横浜型小中一貫教育の企画・推進などに取り組む。平成24年度より横浜市立小学校長を経て平成29年度より現職。文部科学省中央教育審議会教育課程部会算数・数学ワーキンググループ委員、小学校におけるカリキュラム・マネジメントの在り方に関する検討会議協力者。主な編・著書に『「数学的に考える力」を育てる授業づくり』（東洋館出版社）、『算数　言語活動　実践アイディア集』（小学館）、『シリーズ学びの潮流4　しっかり教える授業・本気で任せる授業』（ぎょうせい）、『平成29年改訂　小学校教育課程実践講座　算数』（ぎょうせい）などがある。

ある。その「見方・考え方」を子どもが働かせながら学ぶには、真正で本物の教科学習の場を用意することである。先人先達の文化継承としての教科の役割を意識しながら、社会事象の課題解決の中での生活創造および教科内容を築き上げてきた文化創造等、いずれの文脈においても教科らしい「見方・考え方」を働かせながら学ぶことが大切であり、それによって子ども自らが教科の価値に出合い、それを実感的に納得することを可能にする。

子どもが潜在的に有する「見方・考え方」を、子どもとの対話の中から引き出しながら顕在化させ、教科の本質を追究していくような明示的指導の充実も欠かせない。また、様々な方法によって「見方・考え方」の可視化を図るなどして、表面上異なった対象への関わり方、アプローチの仕方、そしてそれらを支えるアイディアの裏側に共通するものの存在に気付くようにしていくことも要求されている。先の図形の授業でも、形状の異なる図形（三角形）を等長の半径で構成された辺に着目しながら比較できるように視覚的な工夫をしたことで、学習対象へ子ども自らが積極的に関わることを可能にした。個々の事実や知識を統合・包括する概念や、教科ならではの認識や表現の方法などに子どもが関心をもつように、また子どもの経験群の意味する一段抽象度の高い概念や思考をはぐくむように、日々の授業の中で確かな教材研究に支えられた意思決定を繰り返しながら授業をコントロールする〈技〉を磨いていくことが求められている。

「勘」「知恵」「技」を支えるポイント

本稿では、資質・能力ベイスの授業づくりに欠かせない「勘」「知恵」「技」の三つの視点は、左図に示したポイントによって支えられているとした。これらの中には、これまでの授業づくりにおいても大切にされてきたものも含まれているが、新学習指導要領に基づく実践を切り拓いていく授業力として新たにとらえ直して、次号以降でその一つ一つの解釈と具体イメージを紹介していくこととする。

単元づくりを支える〈勘どころ〉	・三つの柱の資質・能力 ・単元デザイン ・校種間連携 ・授業の省察
教材研究の〈知恵〉	・教材分析 ・「見方・考え方」 ・問い〜学びの対象〜
授業コントロールの〈技〉	・文脈の生起 ・明示的指導　対話 ・明示的指導　可視化 ・意思決定

授業力を鍛える「勘」「知恵」「技」

[引用・参考文献]

- 文部科学省「幼稚園、小学校、中学校、高等学校及び特別支援学校の学習指導要領等の改善及び必要な方策等について（答申）補足資料　育成を目指す資質・能力の三つの柱」（2016年12月）
- 文部科学省「幼稚園、小学校、中学校、高等学校及び特別支援学校の学習指導要領等の改善及び必要な方策等について（答申）別紙1　各教科等の特質に応じた見方・考え方のイメージ」（2016年12月）
- 文部科学省「小学校学習指導要領解説　算数編」（2018年3月）

新課程を生かす戦略と手法 [第1回]

新教育課程の実現をどう関連的・総合的に図っていくか

■新連載の趣旨

　本誌の前身にあたる『新教育課程ライブラリ』及び『新教育課程ライブラリⅡ』に引き続き連載をさせていただくこととなった。前者では、①「実践！アクティブ・ラーニング研修」というタイトルで、まさに教師のアクティブ・ラーニングとも言えるワークショップ型研修についての連載を行った。連載と並行して、同趣旨の書籍②『実践！アクティブ・ラーニング研修』（ぎょうせい、2016年8月）を刊行した。その後、これまでのワークショップ型研修の考えやノウハウを集大成した書籍として、全ページカラーの③『ワークショップ型教員研修　はじめの一歩』（教育開発研究所、2016年12月）を刊行している。

　後者の連載では④「事例でわかる！アクティブ・ラーニング」というタイトルで、「主体的・対話的で深い学び」の考え方や具体事例を紹介した。ただし、アクティブ・ラーニングによる学びを授業の工夫・改善に留めず、カリキュラム・マネジメント（以後、カリマネ）の最終ゴールである「子ども一人一人の自己の学びのカリマネ」（後述）を実現するものと考えている。カリマネに関する書籍として⑤『カリキュラムマネジメント・ハンドブック』（ぎょうせい、2016年6月）、⑥『学力向上・授業改善・学校改革　カリマネ100の処方』（教育開発研究所、2018年4月）を刊行している。

　これらを通してみると、アクティブ・ラーニング、ワークショップ型研修、カリキュラム・マネジメント等々、実に様々なテーマに手を染めており、「何が専門なんだ」とお叱りを受けそうである。

　今次改訂では、「社会に開かれた教育課程」「育成を目指す資質・能力」「主体的・対話的で深い学び（アクティブ・ラーニング）」「カリキュラム・マネジメント」「チーム学校」「各教科等の見方・考え方」などの実に様々なニューワードが登場している。中教審答申では「教員研修自体の在り方を、『アクティブ・ラーニング』の視点で見直す」（p.66）とワークショップ型の研修を奨励するような指摘も行っている。教員研修の在り方の見直しも含め、新たな提言や聞き慣れない言葉に戸惑いを感じている教員は少なくないだろう。

　「言葉としては新しいが、いずれもこれまでの改訂で文部科学省が推進してきたこと、学校現場が取り組んできたことの延長線上にあり、各々が互いに関連し合っている」と筆者は考えている。今回の連載では、筆者が関わっている各地の教育委員会や教育センター、学校現場の事例を取り上げながら、これらの関連やその実現に向けての考え方、取り組み方について具体的に論じていきたい。

■今次改訂が求める諸課題をつなげて考える

　今次改訂における様々な課題の関連を示したのが図1である。高知県教育委員会が2015年度より3年間行った「探究的な授業づくりのための教育課程研究実践事業」の委員会で示したプロジェクト全体の戦略図と「新学習指導要領実現に向けた主な方策関連図」(注1)を基に再構成したものである。

　今次改訂の最終ゴールは、子ども一人一人に「豊

村川雅弘
甲南女子大学教授

かな人生の実現や災害等を乗り越えて次代の社会を形成することに向けた現代的な諸課題に対応して求められる資質・能力」（「小学校学習指導要領」（p.5）、中学校と高等学校も同様）を育むことと捉えている。中教審答申（2016年12月）で示された、育成を目指す資質・能力の三つの柱「生きて働く『知識・技能』」「未知の状況にも対応できる『思考力・判断力・表現力等』」「学びを人生や社会に生かそうとする『学びに向かう力・人間性等』」を日々の各教科等の授業改善や総合的な学習の時間の充実を通して育成することが求められている。教科横断的な視点により編成された教育内容を「主体的・対話的で深い学び」の中で「各教科における見方・考え方」を働かせて学習することにより育成される。次代を生き抜く上で子どもたちが遭遇する諸課題はまさに教科横断的なものである。課題に対して一人一人が諦めることなく、様々な教科等の知識や技能および見方・考え方を活用して、自ら考えた上で多様な他者との対話を通して解決していくことが求められる。日々の授業はそのような考え方・生き方のできる子どもたちを育てていくことにつながっているのである。

このような授業の実現には、教員の資質・能力の向上が求められる。例えば、授業改善だけを取り上げても、「主体的・対話的で深い学びにおける子どもの姿とは」「各教科における見方・考え方の共通な部分と特有な部分は」「教育内容を教科横断的に捉えるとは」「どのような具体的な手だてが考えられるのか」といったことが研修課題として挙がってくる。校内研修自体も「主体的・対話的で深い学び」であるべきと考えている。また、これまで総合的な学習の時間や生活科では行われてきた家庭・地域社会との連携・協働及び学校間の連携・接続を教育課程全体で図っていくことが求められている。

カリマネに関して、「児童や学校、地域の実態を適切に把握し、教育の目的や目標の実現に必要な教育の内容等を教科横断的な視点で組み立てていくこと、教育課程の実施状況を評価してその改善を図っていくこと、教育課程の実施に必要な人的又は物的な体制を確保するとともにその改善を図っていくことなどを通して、教育課程に基づき組織的かつ計画的に各学校の教育活動の質の向上を図っていく

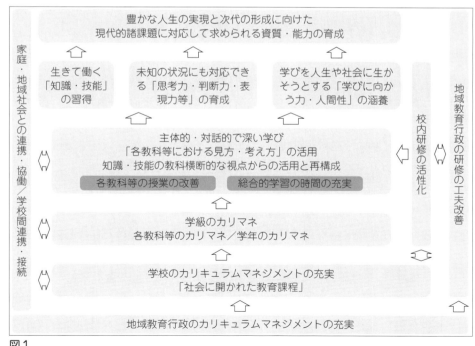

図1

新課程を生かす戦略と手法 [第1回]

こと」（「小学校学習指導要領（平成29年告示）」）（中学校と高等学校も同様）と示されている。

カリマネの要は授業である。子どもや地域の実態や特性と育成を目指す資質・能力の両面を見据えた上で、学校教育目標と学校として育成を目指す資質・能力の具体化と共有化、その実現のための日々の授業改善の視点としての主体的・対話的で深い学びと「各教科等の見方・考え方」、実社会において求められる資質・能力の育成には欠かせない家庭・地域との連携・協働と総合的な学習の時間の充実、主体的・対話的で深い学びや小学校の外国語活動・外国語及びプログラミング教育などの新たな教育課題に対応した教員研修の工夫・改善、および子ども一人一人のキャリア形成に向けての資質・能力の育成に必要な校種間連携・接続を関連的・総合的につなぎ実現していくための考え方がカリマネである。これまで総合的な学習の時間や生活科が重視し実践してきた実社会との関わり、まさに「社会に開かれた教育課程」の実現が、教育課程編成全体において求められている。

今次改訂が求めているのは「学校のカリマネ」であるが、「学校のカリマネ」がこれからも教務主任以上の仕事と捉えられないためにも、また教職員一人一人が「学校のカリマネ」を踏まえた上で学級や教科指導で「学校のカリマネ」を着実に実現していくためにも、「各教科等のカリマネ」や「学級のカリマネ」が必要である（書籍⑤⑥参照）。

一方で、各学校が「学校のカリマネ」を実現していく上で「地域教育行政のカリマネ」の必要性を提唱している。「学校のカリマネ」のポイントの一つは、学校の中で「揃えるべきこと」と「揃えるべきでないこと」を明確にして共通理解を図ることである。「地域教育行政のカリマネ」にも両者が存在する。カリマネは子どもや地域の実態や特性に応じて各学校で策定され実現されるものであるが、県や市のレベルで揃えるべきものがあると考える。例えば、指導案である。書式で学校の独自性を発揮する必要はない。例えば、校内研修の方法である。教職員が主体的・協働的に様々な課題の解決を図ったり学び合ったりするワークショップ型研修の手法は共通にしておきたい。例えば、育成を目指す資質・能力は共通理解の下で幼小中高を通して伸ばしていきたい。

前述の高知県の「探究的な授業づくりのための教育課程研究実践事業」（連載①Vol.6）や広島県の「広島版『学びの変革』アクションプラン」（連載④Vol.10）、大分県佐伯市の「学校を核としたふるさと創生事業」はいずれもその典型モデルである。本連載で成果や進捗状況を紹介していきたい。

カリマネの最終ゴールとしての「子どものカリマネ」

「学校のカリマネ」や「学級のカリマネ」等（教師の指導のカリマネ）に対して、「子ども一人一人の学びのカリマネ」（以下、「子どものカリマネ」）こそが、カリマネの最終ゴールである。子ども一人一人がなりたい姿や付けたい力を思い描き、その実現を目指して生活したり学んだりしていくことである。中教審答申でも「子供たち一人一人の豊かな学びの実現に向けた課題」の中で、「子供たち一人一人は、多様な可能性を持った存在であり、（略）成熟社会において新たな価値を創造していくためには、一人一人が互いの異なる背景を尊重し、それぞれが多様な経験を重ねながら、様々な得意分野の能力を伸ばしていくことが、これまで以上に強く求められる」（pp.17-18）と述べているとおりである。次代を創るのは子どもたちである。多様性を尊重した上での協働が求められるが、その前提は一人一人の個性や

●Profile
むらかわ・まさひろ　鳴門教育大学大学院教授を経て、2017年4月より甲南女子大学教授。中央教育審議会中学校部会及び生活総合部会委員。著書は、『「カリマネ」で学校はここまで変わる！』（ぎょうせい）、『ワークショップ型教員研修　はじめの一歩』（教育開発研究所）など。

持ち前の力の伸張と発揮である。

筆者らは**図2**のモデルを提唱してきた(注2)（連載④Vol.1、書籍⑥p.14）。「育成を目指す資質・能力」の三つの柱を基に考案・構築したものである。学校教育における実践場面を想定している。一般的にカリマネで用いられるPDCAと区別するために、「子どものカリマネ」に関わるpdcaは小文字表記としている。

pでは、学級の学習課題を子ども一人一人が自分事として捉えるとともに、自己の学習課題を設定し、学習活動への見通しをもつ。

dでは、子ども一人一人が学級および自己の学習課題をもって具体的な学習活動を展開する。

cでは、単元または授業の終末に、学習活動にどのように関わってきたかを、話し言葉や書き言葉を通して振り返る。その際、「育成を目指す資質・能力」の三つの柱との関連を意識させる。一つは、「c:振り返り①　学習課題について、主体的・対話的で深い学びを通して理解したこと・できたこと」に関わる振り返りである。一つは、「c:振り返り②　主体的・対話的で深い学びを通して思考・判断・表現したこと」に関わる振り返りである。一つは、「c:振り返り③　主体的・対話的で深い学びを通して、得た新たな考え方や自分自身のよさや生き方に関わること」に関わる振り返りである。

一連の学習を通して「c:振り返り③」を自覚できたとき、「a:新たな気付きと学びへの意欲・期待」が誘発され、次の「p:学習課題の設定や学習活動への見通し」につながる。

学級において主体的・対話的で深い学びが展開されることで、カリマネの最終目標である「子どものカリマネ」のpdcaが子ども一人一人の意識の中で自覚化されていくと考える。連載の中で、具体的な実践事例を紹介していきたい。

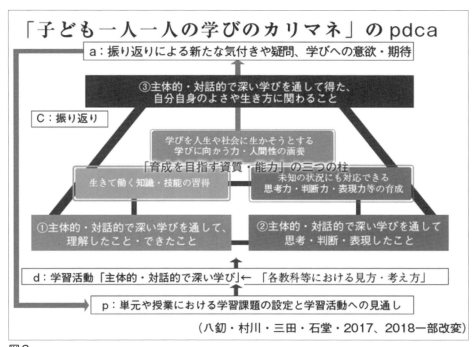
図2

（注1）日本生活科・総合的学習教育学会第26回全国大会（東京大会2017）課題研究8「子どもが自らの学びをマネジメントする生活科・総合的な学習を目指して－東京オリンピック・パラリンピック教育を通して生き方を考える指導計画づくり－」、趣旨説明用プレゼンテーション

（注2）村川雅弘・八釼明美・三田大樹・石堂裕「資質・能力の育成につなげるアクティブ・ラーニング」『せいかつか＆そうごう』第24号、日本生活科・総合的学習教育学会、pp.14-23、2017年

新教育課程実践講座Ⅰ
絶対満足できる！
新しい英語授業
[第1回]

一緒に楽しむ外国語　はじめの一歩
小学校3年生の事例から

　小学校では、新学習指導要領に基づき、2年間の移行期間が開始された。従来行われていた高学年での外国語活動が中学年に移動し、導入期が2年前倒しされることになった。また、高学年では教科としての外国語が取り入れられ、計4年間の授業が行われることになった。そして、この授業が、以降の中学校の外国語の授業を支える礎になるのである。

　そこで、この小学校中学年、高学年、そして中学校における英語授業（ここから外国語を英語と呼ぶ）との関連性を分かりやすく図式化すると以下のようになる。ポイントは、外国語活動は領域であり、高学年と中学校で行われる教科とは根本的に異なっていることである。

　下記のイメージ図から分かるように、下支えする外国語活動は、現行学習指導要領と同様、コミュニケーション能力の素地であり、不断の英語教育及び英語運用能力を支える情意、技能面でもある。以降、この素地を備えながら、知識・技能を向上させ、思考力、判断力、そして表現力を向上させるための英語授業が行われることになる。

　そこで、今回より、小学校から中学校までの英語授業をイメージしながら、授業の実際や、実践のポイント、そして評価の視点に注目し、今後のあるべき英語教育の姿を、具体的な授業を基にポイントを示していきたい。

　第1回目は小学校中学年（3年生）の外国語活動を取り上げる。すでに文部科学省から配布されているテキスト"Let's Try! 1"から、Unit 1の2時間分の授業案例を示し、ポイントをまとめていくことにする。4年生においても、初めて英語に触れる子供たちも多いことから、これらを参考にしていただければと思う。

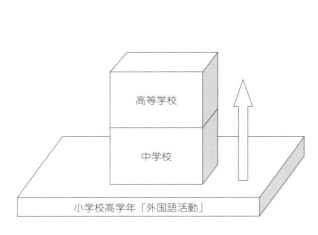

A．現行学習指導要領による日本の英語教育のイメージ図

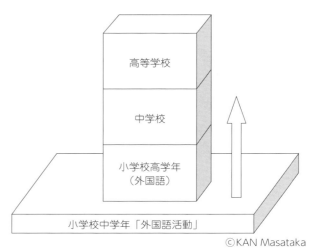

B．新学習指導要領による今後の日本の英語教育のイメージ図

©KAN Masataka

菅　正隆
大阪樟蔭女子大学教授

"Let's Try! 1" 外国語活動指導案（1）

1．単　元　Hello!（Unit1-1）

2．主　題　あいさつをして友だちになろう（1／2）

3．本時の目標と評価のポイント
（1）世界には様々な言語があることに気付くとともに、挨拶や名前の言い方に慣れ親しむ。（知識・技能）
（2）名前を言って挨拶をし合う。（思考・判断・表現）

4．言語材料（表現）
Hello.　Hi.　I'm Fumika.　Goodbye.　See you.

5．授業案

時	子供の活動	担任の活動	留意（◎評価）
挨拶 （7）	1．挨拶をする。 　Hello. Mr. (Ms.) Kawano. 　I'm fine. How are you? 2．担任の自己紹介を聞き、内容についての質問に答える。	○笑顔で、大きな声で挨拶をする。 　Hello, everyone. How are you? 　I'm happy, thank you. ○自己紹介のスモールトークをする。 　・「先生は何が好きと言いましたか」	・分かりやすい語を使う。
導入 （15）	1．めあてを読んで確認する。 　あいさつや名前の言いかたになれよう。 2．世界の様々な挨拶について答える。 3．映像を見て、担任の質問に対して答える。 4．チャンツを言ってみる。 　・隣の友だちと、自分の名前に置き換えて言う。	○本時のめあてを確認する。 　あいさつや名前の言いかたになれよう。 ○世界の挨拶について尋ねる。 　・「英語の挨拶はどう言いますか？」 ○Let's Watch and Think (p.2)を見せ、子供に尋ねる。 　・「どんな挨拶をしていましたか？」 ○Let's Chant(p.3)を聞かせ言わせる。 　・隣の友だちと、自分の名前に置き換えて、言わせる。	・子供が答えられない場合には例を示す。
展開 （15）	1．モデルを見て、表現を確認する。 2．ペアで英語の挨拶をする。 3．クラスの友だちと英語で挨拶をする。	○担任とALT等（担任1人2役、担任と子供等）で、モデルを示す。 　・Hello. I'm Yoshimoto Satoko. 　　－ Hello. I'm Yamada Mai. ○隣の友だちと英語で挨拶をさせる。 ○時間設定（5分）し、時間内に何人と挨拶できたか確認させる。	◎名前を言い挨拶をし合う。
振返 挨拶 （8）	1．振り返りシートを書く。 2．授業の感想を述べる。 3．挨拶をする。	○振り返りシートを書かせる。 ○子供を指名し感想を述べさせる。 ○挨拶をする。	

新教育課程実践講座Ⅰ

絶対満足できる!
新しい英語授業

"Let's Try! 1" 外国語活動指導案（2）

1．単 元 Hello!（Unit1-2）

2．主 題 あいさつをして友だちになろう（2／2）

3．本時の目標と評価のポイント
（1）名前を言って挨拶をし合う。（思考・判断・表現）
（2）相手に伝わるように工夫しながら、名前を言って挨拶を交わそうとする。（学びに向かう態度）

4．言語材料（表現）
Hello.　Hi.　I'm Fumika.　Goodbye.　See you.

5．授業案

時	子供の活動	担任の活動	留意（◎評価）
挨拶 （7）	1．挨拶する。 　Hello. Mr. (Ms.) Kawano. 　I'm good. How are you? 2．ペアで挨拶をする。 3．スモールトークを聞き、内容についての質問に答える。	○笑顔で、大きな声で挨拶をする。 　Hello, everyone. How are you? 　I'm hot, thank you. ○ペアで挨拶をさせる。 ○スモールトークをする。 　・「先生はスポーツ選手の誰が好きと言いましたか」	・分かりやすい語を使う。
導入 （10）	1．めあてを読んで確認する。 　友達とあいさつをして名前を言い合おう。 2．グループ（4人組）で名前を言って挨拶をする。	○本時のめあてを確認する。 　友達とあいさつをして名前を言い合おう。 ○グループ（4人組）で名前を言って挨拶をさせる。	・4人グループにする。
展開 （20）	1．音声を聞いて、子供と国旗を線で結ぶ。 　・再度聞き、ペアで答え合わせをする。 　・再々度聞き、正解を確認する。 2．カードに、自分の名前を書く。 3．教室全体を使って、友だちに名前を伝えながら挨拶をして、カードを交換する。 4．受け取ったカードの名前をテキストに書き写す。	○Let's Listen(p.4)を聞いて、子供と国旗を線で結ばせる。 　・再度聞かせ、ペアで答え合わせをさせる（正解は伝えない）。 　・再々度聞かせ、正解を伝える。 ○カードに自分の名前を書かせる。 ○教室全体を使って、友だちに名前を伝えながら挨拶をして、カードを交換させる。 ○受け取ったカードの名前をテキスト(p.5)の欄に書かせる。	・名前は日本語。 ◎名前を言って挨拶を交わそうとする。
振返 挨拶 （8）	1．振り返りシートを書く。 2．授業の感想を述べる。 3．挨拶をする。	○振り返りシートを書かせる。 ○子供を指名し感想を述べさせる。 ○挨拶をする。	・挙手ではなく指名で。

●Profile
かん・まさたか　岩手県北上市生まれ。大阪府立高校教諭、大阪府教育委員会指導主事、大阪府教育センター主任指導主事、文部科学省初等中等教育局教育課程課教科調査官並びに国立教育政策研究所教育課程研究センター教育課程調査官を経て現職。調査官時代には小学校外国語活動の導入、学習指導要領作成等を行う。

●授業を充実させるためのポイント

1．授業に対する心構え

　初めて英語を学ぶ子供たちにとって、外国語活動は未知のものである。場合によっては、指導する先生も初めての経験かもしれない。このような場合には、とにかく、子供たちに心理的な抵抗感を感じさせないことである。笑顔で子供たちと向き合い、明るく振る舞い、笑いも引き出しながら、先生方も子供たちと一緒に楽しむことである。間違っても、「教えなければならない」「定着させなければならない」などの使命感は漂わせないことである。まして、英会話や語彙・表現の定着のための訓練的授業はNGである。あくまでも英語に対する抵抗感をなくし、積極的にコミュニケーションを図ろうとする子供たちの育成である。そのことが素地を養うことなのである。

2．挨拶とスモールトーク

　挨拶は授業のキモである。子供たちの状況を見据えて、話のスピードや声の高低を調整しながら、授業に向かう気持ちや態度をコントロールすることである。

　また、スモールトークとはティーチャーズトークともいい、担任の先生が、英語で自分のことや身の回りのことについて話し、それを子供たちに聞き取らせることである。この場合、知っている表現や語彙のみを使うのではなく、既習の単語や表現以外も使用しながら、注意深く聞かせることがポイントである。聞かせた後に、内容についての質問を日本語または英語で2～3問投げかける。「先生はどこ出身だったかな？」とか、「何が好きだと言った？」などである。例を以下に示すと、

（例）Hello, everyone. I'm Kawano Fumika. I'm from Nagano. Do you know Nagano? It's very cold. I like strawberries. Do you like strawberries? Thank you.

3．振り返りシートの在り方

　各学校により、振り返りシートの記入方法は様々である。授業に対する評価段階を数字で示させたり（よくできました：3、まあまあできました：2、できなかった：1など）、ニコニコ顔にマークさせたりなど多岐に渡っている。しかし、これは雰囲気でチェックできるので、あまり信用できない。そこで、必ず、「授業で分かったこと（知ったこと）」「授業でできたこと（できなかったこと）」などを書かせて、振り返りながら授業内容を考えさせる場面を組み入れたい。そうすることで、授業の中身をしっかりと確認させることになる。また、文を書く練習（国語力向上に資する）にもなるので効果的である。

4．評価の在り方

　外国語活動は領域であることから、評定ではなく文言表記で評価することになる。その際、できるかぎり形成的評価を心がけ、他の子供たちとの比較評価ではなく、子供自身が持ち備えているコミュニケーションにおける能力や情意面を個人内評価として示すことである。恥ずかしがらずに人前で話せるようになったら、「積極的に誰とでも話せるようになりました」など、元気の出る文言にすることである。その際、「～できる」の文末表現は段階やレベルを表し、評定の考え方に抵触することになり、避けたいものである。

（参考）菅正隆編著『平成29年改訂　小学校教育課程実践講座　外国語活動・外国語』ぎょうせい、2017年

新教育課程実践講座Ⅱ 主体的・対話的で深く学ぶ
道徳教育の実践
［第1回］

道徳科における主体的・対話的で深い学び

「特別の教科 道徳」（以下「道徳科」という）は、今回の学習指導要領の全面改訂を先取りする形で平成27年3月に改訂された。この背景には、量的課題と質的課題がある。年間35時間（小学校1年生は34時間）の単位時間が確実に確保されるという量的確保、そして、答えが一つではない道徳的な課題を児童生徒一人一人が自分自身の問題と捉え、向き合う「考え、議論する道徳」への質的転換である。

● **道徳科で育成する資質・能力**

今改訂では、知・徳・体にわたる「生きる力」をより具体化し、教育課程全体を通して育成を目指す資質・能力を、「知識及び技能」「思考力、判断力、表現力等」「学びに向かう力、人間性等」の三つの柱で整理するとともに、各教科等の目標や内容についてもこの三つの柱に基づく再整理を図った。今改訂では、「何ができるようになるか」という資質・能力を明らかにし、「どのように学ぶか」という学びの質を高めていくことが求められている。その学習・指導改善の視点が「主体的・対話的で深い学び」である。

道徳科が目指す「主体的・対話的で深い学び」とは、言い換えれば「考え、議論する道徳」の実現である。「考える」とは、主体的に自分との関わりにおいて道徳的価値を考え、自分の感じ方や考え方を明確にすることであり、「議論する」とは、多面的・多角的に考えて多様な感じ方、考え方と出合い交流することで、自分の感じ方や考え方をより明確にすることである。児童生徒にとっての主体的な学びの主な姿とは、自らの考えをもち、考えを発言したり、書いたり、時には教材や教具を使って表現したりするような真剣に考える姿である。対話的な学びの姿とは、友達や教師等と話し合ったり、時には自分の心の中で自問自答したりする姿であり、ねらいとする道徳的価値について教師が明確な意図をもって授業を行うことこそが「深い学び」となり、児童生徒の道徳性を育むことができる。

道徳科における「主体的・対話的で深い学び」あるいは「考え、議論する道徳」という学習・指導改善の視点に基づく学習活動は、道徳科で育てる資質・能力である道徳性を養うための手段であり目的ではない。

● **道徳科における「主体的・対話的で深い学び」の実現に向けた授業改善**

「主体的・対話的で深い学び」について、中央教育審議会の答申においては、「主体的な学び」「対話的な学び」「深い学び」それぞれの学びの視点について説明している。しかし、実際の道徳科の授業で考えてみると、簡単に切り離して考えられるものではなく、相互に関わり合いながら展開され、児童生徒は、道徳的価値に関わる学習の中で、考え、議論しながら道徳性を養っていく。

これからの道徳科の授業では、道徳科の目標の中に示された「道徳的諸価値についての理解を基に、自己を見つめ、物事を〔広い視野から〕多面的・多角的に考え、自己〔人間として〕の生き方についての考えを深める学習」の部分をしっかりと捉え、児童生徒が主体的に道徳性を養うための指導が求められている。この学習活動に着目すると、「主体的・対話的で深い学び」の姿が明らかになる。

毛内嘉威
秋田公立美術大学教授

(1) 道徳的価値を理解する

　自立した人間として他者と共によりよく生きるための基盤となる道徳性を養うためには、道徳的諸価値の意義及びその大切さを理解する学習を欠かすことはできない。普段の生活において分かっていると疑わない様々な道徳的価値について、様々な体験や道徳科の教材との出合いやそれに基づく他者との対話などを手掛かりにして自己との関わりを問い直すことによって、本当の理解が始まる。

　「道徳的価値の理解」とは、道徳的価値の意味を捉え、その意味を明確にしていくことである。内容項目を、人間としてよりよく生きる上で大切なことであると理解すること（価値理解）、道徳的価値は大切であってもなかなか実現することができない人間の弱さなども理解すること（人間理解）、道徳的価値を実現したり、実現できなかったりする場合の感じ方、考え方は一つではない、多様であるということを前提として理解すること（他者理解）である。

　道徳科における道徳的価値の理解の指導は、教師が望ましいと思うことを言わせたり、書かせたりして、概念的に価値を理解させたり、特定の道徳的価値を絶対的なものとして指導したりしてはならない。児童生徒が他者と対話したり協働したり、多様な感じ方や考え方に接したりしながら、自分で考えを深め、判断し、表現する力などを育むのである。

(2) 自己を見つめる（自分との関わりで考える）

　これからの道徳科の授業では、直接道徳的行為を求めるものではないが、他人事ではなく自分事として考えられるようにすることが必要である。

　よりよく生きる上で大切なものは何か、自分はどのように生きるべきかなどについて、時には悩み、葛藤しつつ、児童生徒自身が、自己を見つめることによって、自己の生き方や人間としての生き方について考える必要がある。したがって、様々な道徳的価値について、自分との関わりも含めて理解し、それに基づいて内省することが求められる。真摯に自己と向き合い、自分との関わりで改めて道徳的価値を捉え、一個のかけがえのない人格としてその在り方や生き方など自己理解を深めていく必要がある。また、道徳科の授業では自分との関わりで、これまでの自分の経験やそのときの感じ方・考え方と照らし合わせながら、さらに考えを深め、人間としてよりよく生きていく上で道徳的価値を自分なりに発展させていくことへの思いや課題に気付き、自己や社会の未来に夢や希望がもてるようにすることが大切である。

(3) 多面的・多角的に考える

　これからの課題に対応していくためには、人としての生き方や社会の在り方について、多様な価値観の存在を前提にして、他者と対話し協働しながら、物事を多面的・多角的に考察することである。

　とりわけ、諸事象の背景にある道徳的諸価値の多面性に着目させ、それを手掛かりにして考察させて、様々な角度から総合的に考察することの大切さや、いかに生きるかについて主体的に考えることの大切さに気付かせることが肝要である。それは、物事の本質を考え、そこに内在する道徳的諸価値を見極めようとする力にも通じる。

　物事を多面的・多角的に考える学習では、特に、対話的な学びが求められる。例えば、ペアや小グループでの話合い活動を取り入れ、交流することを通して児童生徒同士の対話を促すことが考えられる。さらには、教材を通じて先人の考え方に触れ、道徳的価値の理解を深めたり、自己を見つめ、人間として

新教育課程実践講座Ⅱ
主体的・対話的で深く学ぶ
道徳教育の実践

の生き方について考える学習をすることである。

道徳科における対話的な学びは、多面的・多角的な考えをもとに話し合い、児童生徒が様々な相手との対話を通して自分自身の道徳的価値の理解を深めたり広げたりすることが目的である。

(4) 自己(人間として)の生き方についての考えを深める

道徳科では、各教科等での学びや体験から道徳的価値に関して感じたことや考えたことを統合させ、自らの道徳性を養う中で、自らを振り返って成長を実感し、これからの課題や目標を見つけていく。このような学習過程において、児童生徒は、道徳的価値に関わる事象を自分自身の問題として受け止め、他者の多様な感じ方や考え方に触れることで自分の特徴を知り、伸ばしたい自己を深く見つめられるようになる。それとともに、これからの生き方の課題を捉え、それを自己の生き方として実現していこうとする思いや願いを深める。

中学校の道徳科では、人生の意味をどこに求め、いかによりよく生きるかという人間としての生き方を主体的に探求しようとする姿勢を求めている。この意味において、人生の意味をどこに求めよりよく生きるかという、自らの生きる意味や自己の存在価値に関わることについての深い学びは不可欠である。

生き方についての探求は、人間とは何かという問いから始まる。人間とは何かという、人間についての深い理解なしに、生き方についての深い自覚は生まれない。人間としての生き方について考えを深める様々な指導方法の工夫をしていく必要がある。

授業の中では、児童生徒がこれまでの生き方を振り返ったり、これからの生き方に希望をもったりできるようにすることが必要である。特に、自分の心と向き合い真剣に考えることが重要である。

また、授業だけでなく、年度当初に自分がよりよく生きるための課題を考え、課題や目標を捉える学習を行ったり、学習の過程や成果などの記録を計画的にファイルに集積したりすることにより、学習状況を自ら把握し振り返ることができるようになる。

(5) 教師の明確な指導観

児童生徒が自己の生き方や人間としての生き方について考えを深めるためには、教師が明確な指導観をもって授業を行うことが重要である。主題やねらいの設定が不十分な単なる生活経験の話合いでは、授業のゴールが曖昧になり、自己の生き方等について考えを深めることはできない。授業では、ねらいとしている道徳的価値について感じたことや考えたことを通して自己を見つめ、生き方について考えを深められるようにする。また、多様な考えをもつ他者を相互に認め合い広い心で異なる意見や立場を尊重し、共によりよく生きようという意欲を高めるようにすることも重要である。

●道徳科の特質を生かす

(1) 問題意識と指導過程

道徳科の学習指導過程については、一般的には、導入、展開、終末の各段階を設定して行われている。その導入においては、主題や教材の内容に興味や関心をもたせることが大切である。主体的・対話的で深い学びの実現のためにも、本時の主題に対する問題意識をもたせて授業に臨むことが重要になる。

問題意識をもたせるためには、身近な生活の中の問題や社会的問題等を取り上げて、道徳的諸価値の視点から意識をもたせることである。また、教科書の教材との出合いから、その中に描かれている問題

●Profile
もうない・よしたけ　青森県公立学校教員を経て鳴門教育大学大学院に内地留学。弘前大学大学院後期博士課程修了。博士（学術）。弘前大学教育学部附属小学校主幹教諭、青森県教育委員会総合学校教育センター指導主事を経て、2013年より秋田公立美術大学教授、2017年より同大副学長。日本道徳教育学会理事、日本道徳教育方法学会評議員、文部科学省「小学校学習指導要領解説道徳編」作成協力者委員、文部科学省「小学校学習指導要領解説　特別の教科道徳編」作成協力者委員、文部科学省「中学校道徳教育に係る教師用指導資料」作成協力者委員などを歴任。

を捉えさせ、考えてみたい、話し合ってみたいという意識をもたせることである。問題意識をもつことによって、意欲的に考え、主体的に、対話的に、深い学びにつながる話合いができる。

　留意すべきこととして、道徳科における問題とは、道徳的価値に根ざした問題であり、単なる日常生活の諸事情とは異なる。解決方法を学んだりするのではなく、心の拠り所となる道徳的価値の意義について、しっかりと学べるようにすることが大切である。

(2) 道徳科の特質を生かした指導過程

　道徳科の学習指導過程には、特に決められた形式はないが、一般的には、導入、展開、終末の各段階を設定している。これを基本とするが、学級の実態、指導の内容や教師の指導の意図、教材の効果的な活用などに合わせて弾力的に扱う工夫が大切である。

ア　問題意識を大事にした導入の工夫

　導入は、主題に対する児童生徒の興味や関心を高め、ねらいの根底にある道徳的価値の理解を基に自己を見つめる動機付けを図る段階である。具体的には、本時の主題に関わる問題意識をもたせたり、教材の内容に興味や関心をもたせたりすることが大切である。

イ　展開の工夫

　展開は、ねらいを達成するための中心となる段階であり、中心教材によって、児童生徒一人一人が、ねらいの根底にある道徳的価値の理解を基に、自己を見つめ多面的・多角的に考える段階である。具体的には、児童生徒の実態と教材の特質を押さえた発問などをしながら、教材に描かれている道徳的価値に対する児童生徒一人一人の感じ方や考え方を生かし、自分との関わりで道徳的価値を理解したり、物事を多面的・多角的に考えたり、自分の問題として受け止め深く自己を見つめるなど学習が深まるように留意する。児童生徒がどのような問題意識をもち、どのようなことを中心にして自分との関わりで考えを深め、人間としての生き方についての考えを深めていくのかについて、主題が明瞭となった学習を心掛ける。また、問題解決的な学習や体験的な学習を取り入れる場合には、課題に応じた活発な対話や議論が可能になるよう工夫する。

ウ　終末の工夫

　終末は、ねらいの根底にある道徳的価値に対する思いや考えをまとめたり、道徳的価値を実現することのよさや難しさなどを確認したり、新たに分かったことを確かめたり、学んだことをさらに深く心にとどめたり、今後の発展につなぐ段階である。

　児童生徒一人一人が、自らの道徳的な成長や明日への課題などを実感でき確かめることができるような工夫が求められる。

　道徳科における「主体的・対話的で深い学び」の実現とは、多様な価値観の、ときに対立がある場合を含めて、誠実にそれらの価値に向き合い、道徳としての問題を考え続け、答えが一つではない道徳的な課題を自分自身の問題と捉え、向き合う「考え、議論する道徳」へと転換を図るものである。

　「主体的・対話的で深い学び」を実現するためには、多様な意見を受け止め、認め合える学級の共感的な雰囲気がなくてはならない。児童生徒は、互いに感じたことや考えたことを表現し、伝え合うことを通して、自己の生き方についての考えを深めていく。教師は、授業を通して、児童生徒理解を深め、これを学級経営に生かすということが大切である。

移行措置期の授業を創る！

新学習指導要領を「**実践**」につなぐ
授業づくりの必備シリーズ

平成29年改訂
小学校教育課程実践講座
全14巻

A5判・各巻220頁程度・本文2色刷り

各巻定価　（本体 1,800円＋税）　各巻送料 300円
セット定価（本体 25,200円＋税）　セット送料サービス

【巻構成】
- 総則
- 国語
- 社会
- 算数
- 理科
- 生活
- 音楽
- 図画工作
- 家庭
- 体育
- 外国語活動・外国語
- 特別の教科 道徳
- 総合的な学習の時間
- 特別活動

平成29年改訂
中学校教育課程実践講座
全13巻

A5判・各巻220頁程度・本文2色刷り

各巻定価　（本体 1,800円＋税）　各巻送料 300円
セット定価（本体 23,400円＋税）　セット送料サービス

【巻構成】
- 総則
- 国語
- 社会
- 数学
- 理科
- 音楽
- 美術
- 保健体育
- 技術・家庭
- 外国語
- 特別の教科 道徳
- 総合的な学習の時間
- 特別活動

ここがポイント！

☐ **信頼・充実の執筆陣！**　教科教育をリードする研究者や気鋭の実践者、改訂に関わった中央教育審議会の教科部会委員、学校管理職、指導主事ら充実のメンバーによる確かな内容です。

☐ **読みやすさ・使いやすさを追求！**　「本文2色刷り」の明るく読みやすい紙面デザインを採用。要所に配した「Q&A」では、知りたい内容に即アプローチしていただけます。

☐ **授業事例や指導案を重点的に！**　「資質・能力の育成」や「主体的・対話的で深い学び」を授業の中でどう実現させるか？　実践に直結する授業事例や指導案を豊富に紹介します。

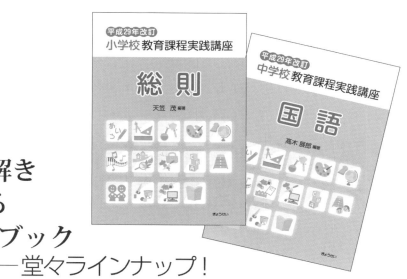

学習指導要領を
「現場視点」で読み解き
「授業」に具体化する
新教育課程サポートブック
――堂々ラインナップ！

[平成29年改訂 小学校教育課程実践講座（全14巻）◆編著者]
- 総　　則　　　　　　　　天笠　　茂　　千葉大学特任教授
- 国　　語　　　　　　　　樺山　敏郎　　大妻女子大学准教授
- 社　　会　　　　　　　　北　　俊夫　　国士舘大学教授
- 算　　数　　　　　　　　齊藤　一弥　　高知県教育委員会事務局学力向上総括専門官
- 理　　科　　　　　　　　日置　光久　　東京大学特任教授・前文部科学省初等中等教育局視学官
- 生　　活　　　　　　　　朝倉　　淳　　広島大学教授
- 音　　楽　　　　　　　　宮下　俊也　　奈良教育大学理事・副学長
- 図画工作　　　　　　　　奥村　高明　　聖徳大学教授
- 家　　庭　　　　　　　　岡　　陽子　　佐賀大学大学院教授
- 体　　育　　　　　　　　岡出　美則　　日本体育大学教授
- 外国語活動・外国語　　　菅　　正隆　　大阪樟蔭女子大学教授
- 特別の教科　道徳　　　　押谷　由夫　　武庫川女子大学教授
- 総合的な学習の時間　　　田村　　学　　國學院大學教授
- 特別活動　　　　　　　　有村　久春　　東京聖栄大学教授

[平成29年改訂 中学校教育課程実践講座（全13巻）◆編著者]
- 総　　則　　　　　　　　天笠　　茂　　千葉大学特任教授
- 国　　語　　　　　　　　髙木　展郎　　横浜国立大学名誉教授
- 社　　会　　　　　　　　工藤　文三　　大阪体育大学教授
- 数　　学　　　　　　　　永田潤一郎　　文教大学准教授
- 理　　科　　　　　　　　小林　辰至　　上越教育大学大学院教授
- 音　　楽　　　　　　　　宮下　俊也　　奈良教育大学理事・副学長
- 美　　術　　　　　　　　永関　和雄　　武蔵野美術大学非常勤講師
- 保健体育　　　　　　　　今関　豊一　　日本体育大学教授
- 技術・家庭〈技術分野〉　古川　　稔　　福岡教育大学特命教授
- 　　　　　〈家庭分野〉　杉山久仁子　　横浜国立大学教授
- 外国語　　　　　　　　　菅　　正隆　　大阪樟蔭女子大学教授
- 特別の教科　道徳　　　　押谷　由夫　　武庫川女子大学教授
- 総合的な学習の時間　　　田村　　学　　國學院大學教授
- 特別活動　　　　　　　　三好　仁司　　日本体育大学教授

小学14巻、中学13巻、全て好評発売中!!
担当教科と「総則」をセットで揃えて頂くのがオススメです!!

【ご注文・お問い合わせ先】
㈱ぎょうせい
フリーコール　0120-953-431　［平日9～17時］
フリーFAX　　0120-953-495　［24時間受付］
Webサイト　　https://gyosei.jp　［オンライン販売］

教育スクランブル
新教育課程における学校図書館の新たな役割

資質・能力を育む教育課程を支える学校図書館

明星大学教授
吉冨芳正

教育課程の展開に寄与する学校図書館

　新学習指導要領は、社会の変化が加速度的に進み複雑で困難な課題を抱える時代にあって、子供たちがよりよい人生や社会を創造できる資質・能力を育成する教育の実現を目指している。学校図書館の役割についても、こうした新学習指導要領の趣旨を踏まえて捉え直し、各学校においてその利活用の考え方や手立てを明確にする必要がある。

　学校図書館は、「図書、視覚聴覚教育の資料その他学校教育に必要な資料（以下「図書館資料」という。）を収集し、整理し、及び保存し、これを児童又は生徒及び教員の利用に供することによって、学校の教育課程の展開に寄与するとともに、児童又は生徒の健全な教養を育成すること」（学校図書館法第2条。下線は筆者による）を目的として全学校に設けられるものである。つまり、学校図書館は学校の教育課程の展開への寄与と児童生徒の健全な教養の育成の二つを目的としているのであるが、これまで読書指導を通じて「健全な教養」を育成する面に意識が向けられがちであった。新教育課程では、資質・能力を〈知識及び技能〉、〈思考力、判断力、表現力等〉、〈学びに向かう力、人間性等〉の三つの柱で整理し、それらを主体的・対話的で深い学びができる授業を通じて育成しようとしている。これからは、教育課程全体を視野に置いて学校図書館をどのように利活用すれば目指す資質・能力の育成に寄与できるかを具体的に考えていく必要がある。

新学習指導要領が期待する学校図書館の役割

　学校図書館の利活用について、新学習指導要領では総則の記述が充実されたほか、国語、社会、美術、総合的な学習の時間、特別活動に記述がある。

　総則では、「主体的・対話的で深い学びの実現に向けた授業改善」のための配慮事項として、各教科等の指導に当たって「学校図書館を計画的に利用しその機能の活用を図り、児童（生徒）の主体的・対話的で深い学びの実現に向けた授業改善に生かすとともに、児童（生徒）の自主的、自発的な学習活動や読書活動を充実すること」とされている。

　教科等では、例えば国語科で、〔知識・技能〕に関わる内容として言語能力を向上させる重要な活動である「読書」に関する指導事項が位置付けられるとともに、〔思考力、判断力、表現力等〕に関わる内容として「読むこと」の領域で学校図書館などを利活用する言語活動例が示された。具体的には、「学校図書館などを利用」し、「図鑑や科学的なことについ

て書いた本などを読み、分かったことなどを説明する活動」（小学校第1・2学年）、「事典や図鑑などから情報を得て、分かったことなどをまとめて説明する活動」（第3・4学年）、「複数の本や新聞などを活用して、調べたり考えたりしたことを報告する活動」（第5・6学年）、「多様な情報を得て、考えたことなどを報告したり資料にまとめたりする活動」（中学校第1学年）が挙げられている。さらに、内容の取扱い上の配慮事項として、「学校図書館などを目的をもって計画的に利用しその機能の活用を図るようにすること」が求められている。

学校図書館は、①児童生徒の想像力を培い、学習に対する興味・関心等を呼び起こし、豊かな心や人間性、教養、創造力等を育む自由な読書活動や読書指導の場である「読書センター」としての機能、②児童生徒の自発的・主体的・協働的な学習活動を支援したり、授業の内容を豊かにしてその理解を深めたりする「学習センター」としての機能、③児童生徒や教職員の情報ニーズに対応したり、児童生徒の情報の収集・選択・活用能力を育成したりする「情報センター」としての機能を有している。学校図書館が「各教科等の様々な授業で活用されることにより、学校における言語活動や探究活動の場となり、主体的・対話的で深い学びの実現に向けた授業改善に資する役割」を果たすことが一層期待されている（「小学校（中学校）学習指導要領解説　総則編」）。

教育課程の展開に寄与する学校図書館利活用の視点

学校図書館の機能はいずれも重要であるが、今後、特に②の機能の発揮を意識して授業での利活用を進め、子供たちが豊かな知識を獲得し、思考力や表現力、問題解決能力などを高め、人間として生きる「軸」を形成し成長していく拠点となってほしい。そのため、次の視点が重要である。

（1）[計画化]：新学習指導要領で求められているカリキュラム・マネジメントに、学校図書館の利活用を織り込む。例えば、学校の教育活動全体の基軸となる教育課程、各教科等の経営案や年間指導計画、単元の指導計画等に学校図書館の利活用を具体的に位置付ける。そうした学校としての学校図書館の利活用の方針や体系的な構造を定めるものが学校図書館全体計画である。

（2）[教材化]：授業で学校図書館を利用し、注意深く収集・整理された図書館資料を学習指導に活用することによって、子供たちの主体的・対話的で深い学びを成立しやすくする。教科等横断的な視点に立った資質・能力の育成のためにも、図書館資料の活用は重要である。例えば、具体的な図書館資料に触れて対象への関心を高める、学習の展開への見通しや手がかりを得る、複数の情報を比べて根拠を明確にしながらより妥当な考えを探ることなどが考えられる。このため、多様な図書館資料を各教科等の教材としてどのように活用し得るのかについて、研究を進める必要がある。

（3）[組織化]：学校図書館の利活用を学校全体で組織的に推進する。校長は「学校図書館の館長」としての役割を担っている（「学校図書館ガイドライン」平成28年11月）。そのリーダーシップの下、司書教諭や学校図書館担当者、学校司書を含めた教職員や組織の役割分担と連携を明確にすることが大切である。また、近隣の学校や地域の図書館との連携協力を進めるよう、教育委員会は学校支援の体制を整える必要がある。

Profile

よしとみ・よしまさ　明星大学教育学部教授。専門は教育課程論、教育課程行政、カリキュラム・マネジメント。文部科学省学校教育官、千葉県富里市教育長、国立教育政策研究所総括研究官を経て現職。日本学校図書館学会理事。著書に『現代中等教育課程入門』（編著）、『次代を創る「資質・能力」を育む学校づくり』（全3巻）（編集）等。

「主体的・対話的で深い学び」と学校図書館の利活用

元白梅学園大学教授・
日本学校図書館学会副会長
佐藤正志

　新学習指導要領解説（以下「解説」）においては、「子供たちが、学習内容を人生や社会の在り方と結び付けて深く理解し、これからの時代に求められる資質・能力を身に付け、生涯にわたって能動的に学び続けることができるようにする」ことが重視されている。そのために、学習の質を高める授業改善が必要であり、そのための視点が「主体的・対話的で深い学び」の実現である。

「主体的・対話的で深い学び」とは

　解説によると「主体的・対話的で深い学び」とは、次の三つの視点に立った授業改善を行うことである。
①学ぶことに興味や関心を持ち、見通しを持って粘り強く取り組み、自己の学習活動を振り返って次につなげる「主体的な学び」の実現
②子供同士の協働、教職員や地域の人との対話、先哲の考え方を手掛かりに考えを広げ深める「対話的な学び」の実現
③各教科等で習得した概念や考え方を活用した見方・考え方を働かせ、問いを見いだして解決したり、自己の考えを形成し表したり、思いを基に構想、創造したりすることに向かう「深い学び」の実現
　これら三つの視点は、それぞれに独立して捉えられるものではなく、一連の学習過程の中で、一体となって実現されるべきものである。そのために、解説では次のような学習過程の重要性が示されている。
・問題を見いだし、解決方法を探して計画を立てて問題発見・解決につなげていく過程
・精査した情報を基に自分の考えを形成したり、互いの考えを伝え合って多様な考えを理解したり、集団としての考えを形成したりしていく過程
・思いや考えを基に構想し、意味や価値を創造していく過程

　以上のような学習過程は、従来から重視されてきた問題解決的学習に他ならない。言い換えると、問題解決的な学習をさらに充実させることが、「主体的・対話的で深い学び」を実現させることになるのである。

「主体的・対話的で深い学び」と学校図書館の利活用

　こうした学びを実現させるために、学校図書館は大きな役割を果たす。
　「主体的な学び」では、「見通しを持って粘り強く取り組み」という言葉に着目したい。子供の主体的な学びを保障するためには、自分がこれから何を、どのように学んでいくのか、最終的にはどのような形で学びが収束するのかという見通しをもたせることが重要で

ある。それが学習意欲を喚起し、粘り強い取組につながっていく。そのために、学びの経過や結果を示す作品などを授業の中で示すことができれば、見通しをもたせるのに効果的である。学校図書館はそうした作品を収集・保存し、いつでも提供できる場でありたい。

「対話的な学び」では、「先哲の考え方を手掛かりに考える」という言葉に着目する必要がある。先哲の考え方は、学校図書館のたくさんの図書資料の中に詰まっている。子供たちが学習内容に関わる図書資料を読むことで、自分の考えと図書資料に書かれていることとを比較したり、関連させたり、総合したりすることで考えが広がったり、深まったりしていく。従前からある「図書との対話」という言葉を大切にした学校図書館の利活用を考えたい。

「深い学び」では、問題解決的学習に即して「問いを見いだして解決し、自己の考えを形成し、思いを基に創造する」ということを重視する必要がある。問題解決的学習は、一般的に「一人一人が自らの問題意識をもち、学習問題に対して解決の見通しを立て、それに従って必要な情報を収集し、それらを活用して問題を解決し、その結果を整理し表現する」という学習過程を踏む。この、必要な情報を収集し、問題を解決することが一人一人の考えを形成することであり、思いや考えを基に意味や価値を創造していくことである。そうした学習を行うために、学校図書館やそこに蓄積された情報を利活用することが重要である。

「主体的・対話的で深い学び」を実現するための場としての学校図書館

学習指導要領の総則では「主体的・対話的で深い学び」と学校図書館の関係について、「学校図書館を計画的に利用しその機能の活用を図り、児童〔生徒〕の主体的・対話的で深い学びの実現に向けた授業改善に生かすとともに、児童〔生徒〕の自主的、自発的な学習活動や読書活動を充実すること」と示されている。そのための学校図書館の整備及び計画的利活用の視点は、次のように整理することができる。

①子供の「主体的・対話的で深い学び」を実現させるために必要な資料を選択するとともに情報の収集を進め、授業の改善に生かすこと
②学校図書館が、子供の自主的・自発的な学習の場として活用されること
③地域の公共図書館等と連携し、資料を活用した情報収集等の学習を充実させること
④教師の授業改善の取組や教材準備等を支える学校図書館として機能させること

今、未来社会をたくましく生きていく力を身に付けさせるために、自ら問題意識をもって自主的、自発的な学びができる子供を育てることが求められている。それは、学びのスキルを身に付けることであり、情報活用能力を育てることに他ならない。そうした学びの場として学校図書館が日常的に利活用されなければならない。そのために、学校図書館を整備・充実させることが重要となる。

学校管理職は、学校図書館活用計画を明確に示し、学校図書館の活用計画や全体計画を作成する必要がある。また、学校図書館の運営組織を確立するとともに、司書教諭や学校司書の資質能力の育成に取り組んでいくことが必要である。新学習指導要領において、校長が学校図書館長として位置付けられた意味をしっかりと認識し、その役割を果たすことが、「主体的・対話的で深い学び」の実現に欠かすことができないのである。

Profile

さとう・まさし　千葉大学教育学部卒業後、東京都公立小学校教諭、東京都教育委員会指導主事・統括指導主事、東京都公立小学校長を経て白梅学園大学教授。この間、文部省指導資料作成協力委員、社会科教育連盟代表総務等を歴任する。現在は、狛江市教育委員会教育委員長、日本体育大学教職支援センター特別講師、日本学校図書館学会副会長を務める。著書として『社会科　歴史を体験する授業』（国土社）、『「教師力」を育成する社会科授業入門』（明治図書）他多数。

> 教育スクランブル
> 新教育課程における学校図書館の新たな役割
> ■ case

教委と学校が一体となって進める学校図書館活用

東京都荒川区教育委員会

荒川区の学校図書館支援事業

　全区を挙げて学校図書館活動に取り組む東京都荒川区では現在、新学習指導要領を視野に、「主体的に学習に取り組み探究する子供たちを育てるために」をスローガンに、学校図書館活性化に向けた取組を進行中だ。

　同区では、平成18年度に文部科学省の学校図書館図書標準100％を達成、19年度に学校司書の全校配置に続き21年度全校常駐、同年学校図書館支援室の開設と翌22年度に支援室長の配置などといったように、学校図書館充実のための環境整備を次々に展開している。

　内容面でも、確かな学力定着のための学校図書館活用モデルプランの作成、区推薦リストの活用などによる読書活動の推進、「図書館を使った調べる学習コンクール」など各種イベント等の実施に取り組んできた。

　人材育成の観点からも、学校司書研修会（年7回）、司書教諭（学校図書館担当者）研修会（年6回）、新任学校司書研修会（年6回）、学校司書連絡会（年3回）など研修や実践交流も盛んだ。

　さらに、ICT活用として、司書教諭・ICT支援員とのコラボレーションによる電子黒板やタブレットなどを活用した授業づくりにも取り組んでいる。

活用指針で計画から実施まで具体方策を提案

　学校図書館活用について具体的な方策を示しているのが、昨年3月に改訂された「荒川区学校図書館活用指針」だ。

　指針には、校長を学校図書館長とした学校図書館組織のあり方や学校司書・司書教諭の職務、学校図書館機能の充実策などが示されている。組織例、全体計画例、年間計画例、運営計画例などが具体的に提示されており、特に年間計画例には、各学年別、月別の活動計画例と、各活動と各教科との関連が示されており、実用的な内容となっているのが特色だ。

　学校司書の全校配置や指針の策定などもあり、同区内の小中学校においては、平成21年度と27年度を比べると、貸出冊数が小学校で一人当たり47.2冊から71.4冊、中学校は7.9冊から12.5冊に、授業での活用回数は小学校で一学級当たり29.7回から51.7回、中学校で9.5回から16.4回となった。

　こうした背景には、司書教諭と学校司書が学校図書館活用について打合せをする時間を確保するため、週2時間を上限に区費非常勤講師を授業のために補充する制度がある。これにより、年間70時間を打合せや他学級授業支援のために当てられているのである。

　このような取組により、学校ぐるみで図書館活用を実現する学校も数多く出てきた。図書館活用の

POPコンテスト

本の扉

教科と関連付けた展示

カリキュラム・マネジメントを充実させた小学校、各学年に学校図書館担当を置いて学年会で研修などを進める小学校、小中連携の核となって校種間を越えた学校図書館活用に取り組む中学校など、取組の幅も広がっている。

さらに、POPコンテスト、読書目標達成者に贈る手作り栞の作成、「本の扉」として「家族愛」「学園愛」などテーマ別に収納されたボックスの設置、授業と連動した教科別の展示など、児童生徒、教師によるアイデア溢れる取組も生まれてきてきた。

学校図書館活用を支える支援室

こうした各学校の取組を支えているのが、「学校図書館支援室」の存在だ。

室長や区教委指導主事らによる学校訪問では、校長、司書教諭・学校司書らと面談を行って学校図書館の活用状況を聞いたり、学校の実情に応じたアドバイスを行う。また、司書教諭を対象にした講演会の開催、校内研修への参加など、きめ細かな支援を行っている。

定期的に発行される「学校図書館支援室だより」では、各校の取組事例の紹介とともに、新学習指導要領を踏まえた活動の視点なども提供している。

昨年10月号では、これからの学校図書館活性化の視点として、①司書教諭と学校司書との打合せ時間の確保、②司書教諭による他学級・他学年・他教科への授業支援、③学校長による積極的な働きかけ、④各校の研究テーマと連携した学校図書館利活用、についての方策を示した。これは、学校図書館活用を学校経営課題として取り組んでいくカリキュラム・マネジメントとしての取組や、学年間連携などによる新任教師、他区からの転任者へのOJT、各校の研究を通した授業力向上などを提言したものとなっており、各学校の取組にヒントを与えるものだ。

また、他の号では、学校図書館の利活用が全教職員へ周知されているか、学校図書館に教科書が設置されているかなど、「10個条のチェックリスト」も示された。

各学校・司書教諭等へのフォローアップや、不断の情報発信によって、荒川区の学校図書館充実を支えようとしているのが「学校図書館支援室」の活動となっている。特にこれからは授業支援に力を入れていくとのことだ。

「学校には課題が多く、学校図書館活用もそのほんの一部かもしれません。しかし、これからの教育を考えていけば、いい授業、いい学習が実現するためには授業の中で本を使うということの意義をしっかりと認識してほしいと思っています。本が、子供たちが将来生きていく糧となるものと考え、学校図書館を組織的・計画的に使っていくために、校長には特にその筋道を立てていく役割を担ってほしい」と、髙橋宏室長は言う。

区教委の和田努統括指導主事も、「様々な成果もあり、区民の期待も大きいと思う。これからも教委として全力でサポートしていきたい」と言う。

荒川区の学校図書館活性化は、教委と各学校が一体となって進めていることで、お互いに学び合い高め合う取組ができている。

（取材／編集部）

髙橋宏学校図書館支援室長（右）と和田努統括指導主事

『新教育課程ライブラリ』『新教育課程ライブラリⅡ』特集総覧

　弊社刊『新教育課程ライブラリ』『新教育課程ライブラリ』は、平成28年1月から平成29年12月まで刊行された、新学習指導要領の理論と実践を網羅したシリーズです。
　新学習指導要領の理解に、実践のヒントに、本特集総覧をご活用いただければ幸いです。

『新教育課程ライブラリ』特集総覧　平成28（2016）年1月～12月

Vol.1　新教育課程型授業を考える
- ●新教育課程がめざすアクティブ・ラーニングとは　田村　学
- ●思考をアクティブにする授業とは　齊藤一弥
- ●プロジェクト・ベース学習（PBL）とこれからの学習づくり　上杉賢士
- ●アクティブ・ラーニングの指導案はこうつくる　藤村裕一
- ●子どもたちが自分たちで創り上げていく授業　池田　守
- ■子ども主体の授業づくりで学力向上を実現　高知県越知町立越知小学校・越知中学校、越知町教育委員会
- ■21世紀グローバル社会に必要な豊かに学び合う力の育成―アクティブ・ラーニングの能力育成と活用するカリキュラムの開発　横浜市立白幡小学校
- ■「課題達成学習」で学び続ける子どもを育成　福岡県春日市立春日東中学校
- ■アクティブ・ラーニング型授業が学校を変える　横浜市立南高等学校附属中学校
- ●アクティブ・ラーニング型授業の始め方・学び方　小林昭文

Vol.2　学校現場で考える「育成すべき資質・能力」
- ●新課程が目指す「育成すべき資質・能力」―「生きる力」「人間力」、そしてこれからの教育観・指導観とは　市川伸一
- ●資質・能力を学校現場でどう捉え実践するか　村川雅弘
- ●思考力・判断力・表現力の育成と評価　角屋重樹
- ●広島県における「学びの変革」に向けたチャレンジについて　広島県教育委員会学びの変革推進課
- ●「総合」の実践から考える資質・能力の育成　嶋野道弘
- ■独自の教科「読解科」を軸として、教育課程全体で「読解力」育成を目指す　京都市立御所南小学校
- ■学校教育目標実現のために、チーム学校で育む「生徒に育成したい資質・能力」　横浜国立大学教育人間科学部附属鎌倉中学校
- ■「社会人基礎力の育成」を目指す授業モデルの開発―「教え」から「学び」へ　高知県本山町立嶺北中学校
- ■研究・新潟県上越市立大手町小学校―資質・能力を育成する教育課程開発

Vol.3　子どもの姿が見える評価の手法
- ●これまでの議論に見るこれからの評価のあり方　無藤　隆
- ●資質・能力をみとる評価活動のあり方　佐藤　真
- ●アクティブな学びと評価の視点―シンキングツールと評価　黒上晴夫
- ●パフォーマンス評価の考えと実際　石井英真
- ●新教育課程に生かす様々な評価方法　根津朋実
- ●指導と評価の一体化を進める視点と実際の取り組み方　香田健治
- ■ルーブリックとパフォーマンス評価　兵庫県佐用町立佐用小学校
- ■タブレット端末を活用して学習の内実を評価する　佐賀大学文化教育学部附属小学校
- ■パフォーマンス評価を生かした授業の実際と評価―外国語の授業を通して　京都市立京都御池中学校
- ●カリキュラム・マネジメントとして取り組む評価への転換　髙木展郎

Vol.4　新教育課程を生かす管理職のリーダーシップ
- ●新教育課程に向けた管理職のリーダーシップ―教育資源・教育内容の構造化と共有化に向けて　天笠　茂
- ●「チーム学校」を踏まえたこれからの組織マネジメント―関係者総活躍学校に向けて　浅野良一
- ●「社会に開かれた教育課程」の開発とカリキュラム・マネジメント　吉冨芳正
- ●新課程を見据えた学校改善のポイント　石野正彦
- ●小中一貫教育と管理職の経営課題　二宮肇美
- ●学校と地域の新たな関係をめぐる管理職の役割　佐藤晴雄
- ■主体的・協働的な学びをめざす授業改革　安岡幸子
- ■わが校の特色を生かすカリキュラム・マネジメント　佐々木隆良
- ●リーダーは「決断力」で課題解決を　角田　明

◆『新教育課程ライブラリ』特集総覧

Vol.5　学校ぐるみで取り組むカリキュラム・マネジメント	Vol.7　これからの授業力と評価
●今、なぜカリキュラムマネジメントが求められるのか　中留武昭 ●カリキュラムマネジメントのポイントと組織体制　田村知子 ●教師の力量形成を図るカリキュラム・マネジメント　赤沢早人 ●学校と保護者・地域をつなぐカリキュラム・マネジメント　倉本哲男 ●次世代に求められる資質・能力を育てるカリキュラム・マネジメント　野口　徹 ■カリキュラム管理室をベースに未来に生かす「創時力」を育成　千葉県館山市立北条小学校 ■カリキュラム・マネジメントの実践と校長の役割　広島県福山市立常金中学校 ■特色ある学校づくりを推進する上越カリキュラム開発　新潟県上越市教育委員会 ○実践・カリキュラムマネジメント講座	●いま、教員に求められる資質・能力と研修　村川雅弘 ●これからの授業力とは何か　江間史明 ●アクティブ・ラーニングを実現する協調学習─知識構成型ジグソー法を使った授業づくり　飯窪真也 ●資質・能力の育成と総合的な学習の時間の見直し　田村　学 ●新教科・道徳のカリキュラムづくり─道徳教育の要としての役割が果たせるようにする　押谷由夫 ●発達段階に応じた外国語の授業づくり─アクティブ・ラーニングの視点を生かした実践例　直山木綿子 ●資質・能力の育成と学習環境──人ひとりの学びを保障する手立て　角屋重樹 ■知識構成型ジグソー法を活用した「学び合い」の授業　和歌山県湯浅町立湯浅小学校 ■協調学習で生徒の能動的な学びを支援　埼玉県戸田市立笹目中学校 ■主体的に地域と関わる総合的な学習の時間の具体化に向けて　青森県今別町立今別中学校 ■新教科・道徳によるカリキュラム・マネジメント　東京都北区立飛鳥中学校 ■〈ABK学習室〉をシンボルスペースにした「枠」を拡げる学びのデザイン　川崎市立東菅小学校 ●「子どもを見る目」で授業力を磨く　横須賀　薫
Vol.6　「チーム学校」によるこれからの学校経営	Vol.8　特別支援教育の実践課題
●「チーム学校」が求めるこれからの学校経営　藤原文雄 ●専門性に基づくチーム体制の構築─「チーム学校」における学校・教師の役割　藤田武志 ●学校のマネジメント体制の強化　牛渡　淳 ●教職員一人ひとりが力を発揮できる環境の整備　北神正行 ■スクールソーシャルワーカーの仕事と校内体制　横井葉子 ■学校経営に参画する事務職員　愛知県豊橋市教育委員会 ■民間委託による部活動の活性化　大阪市教育委員会 ■サポートスタッフによる教育活動の充実　長野県信濃町教育委員会 ■明確な課題設定や具体策で組織が機能する学校を目指す　東京都調布市立第五中学校 ■主幹教諭の在り方など学校組織運営体制の充実方策　徳島県教育委員会 ●「チーム学校」による新たなマネジメント・モデルの構築　久我直人	●共生社会の実現に向けた特別支援教育の新展開　柘植雅義 ●これまでの議論に見る特別支援教育の改善・充実の方向性　野口和人 ●特別支援教育における教員の資質・能力の育成とは　澤田真弓 ●一人ひとりの学びを保障する「合理的配慮」の在り方　樋口一宗 ●個を生かした教育課程編成の在り方　河合　康 ■連続性のある「多様な学びの場」に向けた支援体制の充実　長野県岡谷市立岡谷田中小学校 ■「特別支援教室」を生かした指導と支援　横浜市教育委員会 ■障害のある子どもとその保護者に対する就学支援の実際　真鍋　健 ■高等学校内に設置された特別支援学校分校の取組　福島県立いわき養護学校くぼた校・福島県立勿来高等学校 ■インクルーシブ教育に向けての特別支援学校の取組と課題　岐阜県教育委員会

Vol.9 カリキュラムからみる不登校対応

- ●これからの不登校対応の在り方　高野敬三
- ●児童生徒理解とアセスメント　野田正人
- ●学校の教育相談活動と教育支援センターの役割機能　有村久春
- ●学校における不登校対応の新たな視点と方策―教育課程の編成・実施に向けて　美谷島正義
- ■公立小・中学校における今後の不登校対策　東京都教育委員会
- ■子どもとのふれあいで不登校減少を図る「山鹿方式」　熊本県山鹿市教育委員会
- ■人間関係プログラム（「こころ♡ほっとタイム」）の実践から　島根県松江市立第一中学校
- ■「つながる」カリキュラムで学びの場をつくる　京都市立洛友中学校
- ■中間教室「わたげ」の取組み　長野県辰野町教育委員会

Vol.10 全国学力・学習状況調査にみるこれからの課題

- ●平成28年度全国学力・学習状況調査の結果を踏まえた新教育課程実施上の課題　千々布敏弥
- ●小学・国語　学びの文脈を創る国語科授業の推進―活用力を高めるメタ認知の重視　樺山敏郎
- ●中学・国語　言語活動を通して、知識・技能を使い、思考・判断・表現する授業の一層の充実を　冨山哲也
- ●小学・算数　式の表現と読みの課題から展望する指導の改善・充実　礒部年晃
- ●中学・数学　数学的な見方や考え方を働かせる数学的活動の充実を　清水美憲
- ●小学・質問紙　何を学び、どう生かすか　寺崎千秋
- ●中学・質問紙　質問紙調査を活用し、学習指導と学習環境の改善・充実を図る　壷内明
- ●子どもたちに育みたい資質・能力とは　梶田叡一

Vol.11 「社会に開かれた教育課程」を考える

- ●「社会に開かれた教育課程」の意義と条件　吉富芳正
- ●地域とかかわり学びの場を広げる教育課程の開発　明石要一
- ●「社会に開かれた教育課程」における学習活動　村川雅弘
- ●「社会に開かれた教育課程」と求める人間像とは　無藤隆
- ●学校における「社会に開かれた教育課程」の開発課題　小島宏
- ●カリキュラム論からみる「社会に開かれた教育課程」　安彦忠彦
- ■十河の香りを育み、未来を拓き社会に出る教育　香川県高松市立十河小学校
- ■地域・社会との協働を目指した学校経営―「玉中総合教育会議」を通して　熊本県玉名市立玉名中学校
- ■「社会に開かれた教育課程」の実現に通じるカリキュラム―20年の歳月を経た教科「未来総合科」の成果　鎌田明美
- ■子どもの姿で教育復興を目指す「ふるさと創造学」　福島県富岡町立富岡第一小学校・富岡第二小学校

Vol.12 見えてきた新学習指導要領―各教科等の検討内容

- ●これからの学習指導の在り方・取組み方―学習の内容と方法の両方を重視する　天笠茂
- ●国語〈小〉言葉による見方・考え方を働かせ、学びの過程の質の向上を図る　樺山敏郎
- ●国語〈中〉言語能力を育成する国語の授業　髙木展郎
- ●社会〈小〉社会を理解する道具としての「見方・考え方」　北俊夫
- ●社会〈中〉中学校社会科における「資質・能力の育成」と「深い学び」　江間史明
- ●算数〈小〉算数の教科指導の価値を資質・能力から問い直す　齊藤一弥
- ●数学〈中〉数学的活動の充実に向けた次の一歩　永田潤一郎
- ●理科〈小〉「理科の見方・考え方」の捉え方と授業改善の課題　小林辰至
- ●理科〈中〉これからの中学校の理科教育　角屋重樹
- ●生活〈小〉スタートカリキュラムの実現を目指すこれからの生活科　木村吉彦
- ●音楽〈小〉「音楽を教え、学ぶ意味」を問い直す新学習指導要領　宮下俊也
- ●音楽〈中〉よりよい人生、よりよい社会を創造するために音楽科が求めるもの　宮下俊也
- ●図画工作〈小〉整理された「知識・技能」と具体化した「見方・考え方」　奥村高明
- ●美術〈中〉自分との関わりを大切にした美術の表現や鑑賞　永関和雄
- ●家庭〈小〉「主体的・対話的で深い学び」を家庭科で実現するために　杉山久仁子
- ●技術・家庭（技術分野）〈中〉生活や社会の中から問題を見出し、課題を解決する力　古川稔
- ●技術・家庭（家庭分野）〈中〉目標や「見方・考え方」に見る家庭分野の改善の方向性　岡陽子
- ●体育〈小〉『わかる・できる・かかわる』のバランスのとれた体育学習を目指して　菅原健次
- ●保健体育〈中〉資質・能力の育成を目指す保健体育科の授業改善に向けて　今関豊一
- ●外国語活動・外国語〈小〉大きく変わる小学校外国語活動・外国語のポイント　菅正隆
- ●外国語〈中〉内容の充実が求められる中学校外国語　菅正隆
- ●道徳〈小〉考え、議論する新しい道徳教育への転換　林泰成
- ●道徳〈中〉「問い」に向き合う「考え、議論する道徳」への転換　関根明伸
- ●総合的な学習の時間〈小・中〉探究的な見方・考え方を働かせ、自己の生き方を考える総合的な学習の時間　佐藤真
- ●特別活動〈小〉"子供の活動に学ぶ"特別活動の展開　有村久春
- ●特別活動〈中〉指導内容を整理し、学級経営やキャリア教育との関係が明確に　三好仁司
- ●特別支援教育〈小・中〉インクルーシブ教育システムの構築を目指して　砥柄敬三

『新教育課程ライブラリⅡ』特集総覧　平成29（2017）年1月～12月

Vol.1　中教審答申を読む（1）―改訂の基本的方向
- 今こそ求められる学びのパラダイム転換　梶田叡一
- 中教審答申が描く学び続ける子どもと教師の姿　無藤 隆
- 「社会に開かれた教育課程」とカリキュラム・マネジメント　天笠 茂
- 教科等と実社会とのつながりを生かす資質・能力の育成―「何ができるようになるか」　村川雅弘
- 各学校種を通した教育課程編成の在り方―「何を学ぶか」　田中庸惠
- 「主体的・対話的で深い学び」と各教科等における「見方・考え方」―「どのように学ぶか」　奈須正裕
- 子どもの学びをみとる評価とこれからの学習活動の在り方―「何が身に付いたか」　西岡加名恵
- 次期学習指導要領実施に向けた組織運営上の課題と方策―「実施するために何が必要か」　小島 宏
- 幼児教育の改訂ポイント　神長美津子
- 小学校の改訂ポイント　寺崎千秋
- 中学校の改訂ポイント　壷内 明
- 特別支援学校の改訂ポイント　砥柄敬三
- 高等学校の改訂ポイント　荒瀬克己

〔第2特集〕プログラミング教育にどう取り組むか
- プログラミング教育とは何か　堀田龍也
- ■学校におけるプログラミング教育の取組み―子どもが夢中になるビジュアル言語を活かした実践　東京都小金井市立前原小学校
- ■中学校におけるプログラミング教育の取組み―問題解決の手順を考えさせる工夫　神奈川県厚木市立荻野中学校
- ■国語科における「プログラミング教育」の活用　横浜市立白幡小学校

Vol.2　中教審答申を読む（2）―学校現場はどう変わるか
- 教育目標の設定と構造化―学校として育成すべき資質・能力とは　石井英真
- 子供を育てる年間指導計画―「社会に開かれた教育課程」の具現化　野口 徹
- 「主体的・対話的で深い学び」を構想する教材研究　藤本勇二
- 「主体的・対話的で深い学び」を促す教育評価　赤沢早人
- 新教育課程に生かす地域との協働　大山賢一
- 子供の自立と小中の接続　小松郁夫
- ■資質・能力ベースの教育課程開発とこれからの学校づくり・授業づくり　新潟県上越市立大手町小学校
- ■習得・活用・構成の授業で汎用的能力を育成―授業づくりを支える「教師の秘伝」　川崎市立川崎小学校

Vol.3　「深い学び」を深く考える
- 「深い学び」の捉え方　奈須正裕
- 「深い学び」を実現する授業改善　澤井陽介
- 有意味受容学習で「深い学び」を実現する　田中俊也
- 経験に開かれた学び―算数の指導を通して　齊藤一弥
- 「教えて考えさせる授業」でめざす深い習得学習　市川伸一
- 学習パラダイムへの転換と「深い学び」―個性的な学力を目指して　溝上慎一
- ■「ことば」で個と協働の学びを深める―「個」が育つ教育経営　富山市立堀川小学校
- ■「深い学び」を引き出すカリキュラムデザイン―探究的な学習活動の充実　岡山大学教育学部附属中学校

Vol.4　三つの資質・能力から考えるこれからの学校経営
- 新学習指導要領と目指すべき子ども像　牛渡 淳
- 資質・能力の育成とこれからの学校経営課題　露口健司
- 「知識・技能」の習得を実現する教育活動の展開　小島 宏
- 「思考力・判断力・表現力」の育成を目指す教育活動　向山行雄
- 「学びに向かう力・人間性」を育む教育活動　岩瀬正司
- 資質・能力の育成を実現するカリキュラム・マネジメントの実際　田村知子
- 資質・能力の育成に生かす学校評価　木岡一明
- 資質・能力の育成とスクールリーダーの役割　末松裕基

Vol.5 総則から読み取る学びの潮流	Vol.7 すべての子どもを生かす特別支援教育
●新教育課程は全教職員で取り組む教育改革　大橋　明 ●社会の変化を踏まえた次代の育成を　榎本智司 ●資質・能力の育成を映し出す教育課程編成　吉新一之 ●新学習指導要領総則から、これからの授業づくりについて考える　池田　守 ●子供の発達を保障する指導と支援　八代史子 ●新教育課程編成に向けた学校経営課題　加藤英也 ●地域・外部の資源を生かしたカリキュラム・マネジメント　田代和正 ●道徳教育はどう変わるか―「生きて働く道徳性」を養う道徳科の授業　丸山睦子	●指導要領改訂にみるこれからの特別支援教育　柘植雅義 ●インクルーシブ教育時代の特別支援教育　安藤壽子 ●教育の根本を表象化した個別の指導計画―実践研究を通してみえた効果と課題　海津亜希子 ●「チーム学校」による特別支援教育と「社会に開かれた教育課程」　高木一江 ●特別支援教育におけるカリキュラム・マネジメント　小林倫代 ●「主体的・対話的で深い学び」を引き出す学習支援の在り方　下村　治 ●特別支援学級の子どもたちの「交流及び共同学習」を見つめて―NHK ETV特集『"いるんだよ"って伝えたい』取材現場から　西澤道子
Vol.6 新学習指導要領で学校の日常が変わる	Vol.8 実践・これからの道徳と外国語教育
●資質・能力ベースの学校文化づくり　寺崎千秋 ●「特活」からみる学びの土台づくり　有村久春 ●問いを生み、課題解決を誘う対話のある活動　松田素行 ●「知の総合化」の視点で、自ら育つ生徒と教師　三橋和博 ●教師のカリキュラム・マネジメントで子どもが変わる！　石堂　裕 ■つながりの日常化でつくる「社会に開かれた教育課程」　横浜市立東山田中学校区学校支援地域本部	●解説から読む「特別の教科 道徳」の実践課題と授業構想　毛内嘉威 ●「考え、議論する」道徳科授業づくりのポイント　林　泰成 ●「特別の教科」時代の道徳授業をつくる　永田繁雄 ●これからの外国語活動・外国語を円滑に実施するために　菅　正隆 ●新小学校学習指導要領における外国語教育を通して身に付けさせたい資質・能力　直山木綿子 ●カリキュラム・マネジメントを通じた小学校外国語教育の改善と充実　池田勝久 ■道徳科の趣旨を踏まえた指導方法の在り方に関する実践研究　高知県津野町立葉山小学校 ■伝え合い・わかり合いで生きて働くコミュニケーション能力を育成　福岡県糸島市立波多江小学校

シリーズ24巻、全て好評発売中!!
ご覧になりたい特集に応じて、単巻でもご購入いただけます！

【ご注文・お問い合わせ先】
㈱ぎょうせい
フリーコール　0120-953-431　[平日9～17時]
フリーFAX　0120-953-495　[24時間受付]
Webサイト　https://gyosei.jp [オンライン販売]

◆『新教育課程ライブラリⅡ』特集総覧

Vol.9 移行措置期の学校づくりを考える	Vol.11 誌上セミナー「新しい学びを起こす授業」
●移行措置期における学校づくりの条件　天笠　茂 ●学校のグランドデザインと学校教育目標の見直し　髙階玲治 ●カリキュラム・マネジメントの「第一歩」　赤沢早人 ●「社会に開かれた教育課程」に向かう学校づくり　玉井康之 ●「主体的・対話的で深い学び」まずはここから　赤坂真二 ●「見方・考え方」の理解とこれからの教科等の学びの在り方　齊藤一弥	●「主体的・対話的で深い学び」とカリキュラム・マネジメント　村川雅弘 ■笑顔を広げるボランティア部の活動―地域に求められるボランティア活動を通して　春日市立春日東中学校ボランティア部 ■市民性を育む「谷っ子ふるさとカリキュラム」の推進　井上文美 ■地域連携カリキュラムのマネジメント／その提言　水上雅義 ■「教師の秘伝」に基づいた深い学びの追究　吉新一之 ●トークセッション「資質・能力の育成とこれからの教育課程」　平石信敏・古澤裕二・吉新一之・[司会]伊藤文一 ●教育課程を介して地域とつながる学校へ―コミュニティ・スクールの要「地域連携カリキュラム」　山本直俊 ●新教育課程を生かす授業づくりと学習評価　佐藤　真 ●今、コミュニティ・スクールが求められる背景と今後の課題　高橋　興
Vol.10　子どもの成長をつなぐ保幼小連携	**Vol.12　事例集・新課程を先取りする実践先進校レポート**
●「保幼小連携」育ち合うコミュニティづくり　秋田喜代美 ●幼児教育と小学校教育の「接続」の充実　神長美津子 ●発達と学びの連続性を踏まえた「保幼小連携」の在り方　松嵜洋子 ●地域の中で子どもを育むということ―幼児期から学童期の育ちをつなぐ　矢島毅昌 ●生活科を軸とした「スタートカリキュラム」の展開　木村吉彦 ●スタートカリキュラムの作成とカリキュラムマネジメント　八釼明美 ■障害のある幼児の学びをどう次のライフステージにつなげるか　真鍋　健 ■子どもの育ちをつなげるカリキュラム開発　仙台市立広瀬小学校 ■育ちと学びをつなぐ「茅野市幼保小連携教育」　帯川淳也 ●保育カウンセリング現場から見える乳幼児期の子どもたち　冨田久枝	■これからの北条プランにおける資質・能力＝「創時力」　千葉県館山市立北条小学校 ■他と関わりながら問題解決できる子どもの育成　岐阜聖徳大学附属小学校 ■指導と評価の共有化で資質・能力を育てる授業づくりを目指す　広島県福山市立城北中学校 ■「主体的な学び」の姿を求めた授業改善の取組　高知県安芸市立安芸第一小学校 ■「地域に開かれた教育課程」を具現する総合的な学習の時間及び学校評価を通したカリキュラムマネジメント　岐阜県関市立津保川中学校 ■「出南タイム」に支えられた道徳教育の推進　熊本市立出水南中学校 ■自分の思いをつたえよう！　もっと友達のことを知ろう！―心をつなぐ外国語活動のあゆみ―　大阪府千早赤阪村立千早小吹台小学校 ■自ら考え、ともに学びを高め合う子の育成―対話的な学びを通して―　石川県金沢市立兼六小学校 ■「学級総合」の取組と生活・総合コーディネーターを核とした授業研究　仙台市立広瀬小学校 ■組織力を生かした小中一貫教育―9年間のカリキュラム・マネジメントによる確かな学力保証に向けて―　静岡県沼津市立静浦小中一貫学校 ■主体的に学ぶ児童の育成に向けて―2つのカリキュラム・マネジメントを通して　広島県福山市立新市小学校 ■学校改善を通した学力向上へのチャレンジ！　福岡県宗像市立河東中学校

＊Vol.2からは、管理職の実務に役立つ資料を取り揃える「スクールリーダーの資料室」がスタートします。

認めてあげることから始まる

北海道共和町立北辰小学校長
佐藤寛之

　校長室の私の机の上には、淡いグリーンの蓋つきのコーヒーカップが置いてある。卒業する際に女の子からプレゼントされたものだ。

　私は現在校長職に就いて10年目を迎えているが、前任校ではめぐりあわせで、5年間勤務していた。そのとき、2年生に在籍していたA子は、とにかく算数に苦手意識をもっていて、授業中にわからないと言って泣くことが多かった。担任もいろいろと支援をしていたが、なかなか気持ちが上向かない状態で担任も疲弊していくのが見て取れた。そこで、保護者の同意を得て、取り出して指導することにした。

　ある日、支援員の先生がお休みしたので、校長室で自分が指導することになった。繰り下がりの引き算で「20−9」の計算方法だった。

「あれ？　今までと何か違うよね？」
「うん。数字がない」
「そうだね。一の位が0だね。さて、どうしよう？」

　しばらく、考えていたA子は、突然、

「わかった‼　20から1とって、9からも1とると19−8になるから……11だ！」

　今度は、私が絶句した。が、

「すごいねぇ。0から9が引けないから、両方から1ずつとって、一の位を引けるようにしたんだね。すごいすごい‼　このやり方は、教室に行って、みんなに教えてあげようよ」
「えーっ！　できないよ」

と言いながらも嬉しそうだったことを覚えている。

　担任と打ち合わせを行い、後日みんなの前で説明する場を設定してもらった。たどたどしくも自分の考えを述べていたA子。説明が終わった後、友達から、

「すげぇ‼　わかりやすい‼」

と絶賛を浴びてニコニコしていたA子は輝いていたように見えた。

　もちろん、この方法は一般化するには難しく、やがて、やはり10を繰り下げる方法のよさに収束していったのだが、A子にとっては心に残っていたのだろう。

　卒業式の日、

「校長先生のおかげで算数が好きになったの」

と言って、このコーヒーカップをプレゼントしてくれた。

　どんな子も認めてあげることから始まることを忘れないようにしたいと、毎日コーヒーを入れながら、このカップを眺めている。教師の基本を常に教えてくれるこのカップこそ、私の一品だ。

ドラセナのたより

福岡県福津市立福間東中学校長
熊本　仁

　2年前、新任校長として着任して10日ほど過ぎた土曜日の昼下がり。麗らかな陽気とは裏腹に、年度初めの業務に追われるように校長室で執務にあたっていた。見るとはなしに1台の宅配業者のトラックが校地に入ってくるのが目に入った。間もなく、1人の職員が「校長先生にお荷物が届いています」と伝えに来た。そのとき届いたのがドラセナだった。送り状には若いころに大変お世話になった方の住所と名前があった。少し右上がりの懐かしい筆跡である。
　時は20年ほどさかのぼる。
　「教室には植物を置けよ、できたら緑の観葉植物がいい」
　新学期の始まりにあたり、教室背面の掲示物を作成していると、不意に後ろから声が飛んできた。振り向くと柔らかな笑みを浮かべて教室の入口にその人は立っていた。
　当時、私は異動してきたばかりの若年教師で新たな環境に戸惑う日々だった。「あっ校長先生だ」と思いながら、何かぼそぼそと挨拶めいたことを言った。そのとき校長先生はこの学校のことや生徒の様子、私に期待していることなどを話してくださった。言葉の端々から学校や生徒への愛情が伝わってきた。
　別の機会に、「このクラスでよかった。先生に国語を習って楽しかったって言ってもらえるようにがんばれよ」と励まされた言葉は、学級づくりや授業改善の原動力となった。そして今、当時の校長先生からの教えは、私の学校経営方針「通い甲斐のある学校づくり」につながっている。
　ドラセナ・ジェレは幸福の木の仲間である。いただいたときは1m20cmくらいだった背丈が2年間で30cmほど伸びた。冬の寒さにもよく耐え、緑の葉を勢いよく繁らせている。
　昨年の初夏のある日、葉とは明らかに違う黄緑色の球状のものが、葉間からスルスルと伸びてきて1週間ほどするとドラセナが花を咲かせた。たくさんの白い花は夕方一斉に開いて朝しぼむ。一つ一つは小さいが、開花すると一気に甘い柑橘系の香りが部屋中を包んだ。花期は短かったが、初めて見る花の強烈な印象に驚かされた。
　思い返せば、驚いたことは以前にもあった。実は2年前にドラセナが届いた日。送り状には配送期日と時間帯が指定してあったのだ。新任校長が年度当初の休日にあくせくと仕事していることを、送り主はお見通しであった。師はいつまでも師である。
　いつか異動する日が来たら、ドラセナはどうしようか。師はきっと、柔らかな笑みを浮かべながら、「置いていけ」って言うだろう。

（前福岡県粕屋町立粕屋東中学校長）

新しい学習指導要領が描く「学校」の姿とは——。
明日からの「学校づくり」に、その課題と方策がわかる！

次代を創る「資質・能力」を育む学校づくり

全3巻

吉冨芳正（明星大学教育学部教授）【編集】

A5判・各巻定価（本体2,400円＋税）送料300円
セット定価（本体7,200円＋税）送料サービス

■巻構成
- 第1巻　「社会に開かれた教育課程」と新しい学校づくり
- 第2巻　「深く学ぶ」子供を育てる学級づくり・授業づくり
- 第3巻　新教育課程とこれからの研究・研修

次代を担う子供を育む学校管理職・次世代リーダーのために——。
学校経営上押さえるべきポイントを、卓越した切り口で解説！

学校の明日を拓くリーダーズ・ブック！

○新学習指導要領は「どう変わるか？」では対応しきれません。
○次代を担う子供を育む「学校」「学級」「授業」には、構造的な改善が求められます。
○本書は、精選した切り口・キーワードから課題と方策を明示。明日からの学校経営をサポートします。

管理職試験対策にも必備！

好評発売中！

● 2030年の社会に向けた新・学校像を徹底考察

第1巻　「社会に開かれた教育課程」と新しい学校づくり

第1章	これからの学校づくりと新学習指導要領	吉冨芳正	（明星大学教授）
第2章	中央教育審議会答申を踏まえた新たな学校経営課題	寺崎千秋	（一般財団法人教育調査研究所研究部長）
第3章	「社会に開かれた教育課程」の実現 ──「総則」を学校づくりの視点から読む──	石塚　等	（横浜国立大学教職大学院教授）
第4章	次代の子供を育てる学校教育目標	天笠　茂	（千葉大学特任教授）
第5章	「カリキュラム・マネジメント」で学校を変える	赤沢早人	（奈良教育大学准教授）
第6章	「チーム学校」で実現する新教育課程 ──これからの組織マネジメント──	浅野良一	（兵庫教育大学教授）
第7章	地域との新たな協働に基づいた学校づくり	佐藤晴雄	（日本大学教授）
第8章	小中連携・一貫教育を新教育課程に生かす	西川信廣	（京都産業大学教授）
第9章	特別支援教育への新たな取組み	安藤壽子	（NPO法人らんふぁんぷらざ理事長・元お茶の水女子大学特任教授）
第10章	メッセージ：新たな学校づくりに向けて	岩瀬正司	（公益財団法人全国修学旅行研究協会理事長・元全日本中学校長会会長）
		若井彌一	（京都光華女子大学副学長）

● 一人一人の学びの質をどう高め、豊かにしていくか。多角的に解説

第2巻　「深く学ぶ」子供を育てる学級づくり・授業づくり

第1章	新学習指導要領が求める子供像	奥村高明	（聖徳大学教授）
第2章	中央教育審議会答申と授業づくりの課題	髙木展郎	（横浜国立大学名誉教授）
第3章	「深い学び」を実現する授業づくりの技法	田中博之	（早稲田大学教職大学院教授）
第4章	「社会に開かれた教育課程」を実現する単元構想	藤本勇二	（武庫川女子大学講師）
第5章	授業改善につなぐ学習評価の在り方	佐藤　真	（関西学院大学教授）
第6章	次代を創る資質・能力の育成と道徳教育・道徳科	貝塚茂樹	（武蔵野大学教授）
第7章	次代を創る資質・能力の育成と特別活動	杉田　洋	（國學院大學教授）
第8章	学校図書館の機能を生かした学習活動や読書活動の充実	佐藤正志	（元白梅学園大学教授・日本学校図書館学会副会長）
第9章	教育課程の基盤をつくる学級経営	宮川八岐	（城西国際大学非常勤講師）
第10章	新教育課程と一体的に取り組む生徒指導・教育相談	嶋﨑政男	（神田外語大学客員教授）
第11章	メッセージ：これからの授業づくりに向けて	髙階玲治	（教育創造研究センター所長）
		向山行雄	（帝京大学教職大学院教授）

● 次代の学校を担う教師集団とは。力量形成のポイントを提示

第3巻　新教育課程とこれからの研究・研修

第1章	新学習指導要領で変わる校内研究・研修	村川雅弘	（甲南女子大学教授）
第2章	カリキュラム・マネジメントの研究・研修と実践課題	吉冨芳正	（明星大学教授）
第3章	資質・能力の育成を実現する単元構想の追究	奈須正裕	（上智大学教授）
第4章	「主体的・対話的で深い学び」を実現する授業研究	藤川大祐	（千葉大学教授）
第5章	新教育課程の軸となる言語能力の育成と言語活動の追究	田中孝一	（川村学園女子大学教授）
第6章	「考え、議論する道徳」指導と評価の工夫の追究	林　泰成	（上越教育大学教授）
第7章	9年間を見通した外国語活動・外国語科 ──カリキュラムと学習活動の工夫の追究──	菅　正隆	（大阪樟蔭女子大学教授）
第8章	「資質・能力」の育成を見取る評価方法の追究	西岡加名恵	（京都大学大学院教授）
第9章	アクティブな校内研修への転換	野口　徹	（山形大学准教授）
第10章	メッセージ：新教育課程に挑む教師たちに向けて	新谷喜之	（秩父市教育委員会教育長）
		古川聖登	（独立行政法人教職員支援機構事業部長（併）次世代型教育推進センター副センター長）

＊職名は執筆時現在です。

● お問い合わせ・お申し込み先

㈱ぎょうせい

〒136-8575　東京都江東区新木場1-18-11
TEL：0120-953-431／FAX：0120-953-495
URL：https://gyosei.jp

●こちらからぎょうせいの教職員向け特設ページがご覧いただけます。

リーダーズ・ライブラリ　Vol.1
新学習指導要領全面実施までのロードマップ

平成30年5月1日　第1刷発行

編集・発行　　株式会社 ぎょうせい

〒136-8575　東京都江東区新木場1-18-11
電話番号　編集　03-6892-6508
　　　　　営業　03-6892-6666
フリーコール　　0120-953-431
URL　　https://gyosei.jp

〈検印省略〉

印刷　ぎょうせいデジタル株式会社
乱丁・落丁本は、送料小社負担のうえお取り替えいたします。
©2018　Printed in Japan.　禁無断転載・複製
ISBN978-4-324-10445-3（3100539-01-001）〔略号：リーダーズ・ライブラリ1〕